一番わかりやすい

はじめての
手相占い

宮沢みち

日本文芸社

Contents

part1　手相の基本

手相ってなに？

手相をみるときは

手のひらをみる

手のひら以外をみる

part2　丘と線をみる

横三大線

あなたの手は、
あなたをいちばんよく知っています

結婚したほうがいいんじゃないか
子どもがいたほうがいいんじゃないか
転職したほうがいいんじゃないか
日々生きているなかで、いろいろな選択肢が目の前を通りすぎ
迷うときはありませんか。

自分の歩んでいる道が人と違っても不安、同じでも不安。
そのときにみてほしいのが、手です。
どれが正解なのかは、自分の手を知ることによってわかります。
手にはその人の人生がそのまま描かれています。

幸せはひとりひとり違います。
それは、この世に生まれてきたときに、与えられた使命がみんな違うから。
人は人の人生、自分は自分の人生。
人をうらやましがって、自分の人生は
こんなはずじゃないと思っている間は、幸せではありません。
困ったとき、さみしいとき、心細いとき、自分の手をみてください。
手が、あなたの人生はだいじょうぶ!と励ましてくれるでしょう。

あなたのことをいちばん知っているのは、あなたの手です。
手はいつも一緒。
多くのことを教えてくれています。
その読みかたさえわかれば、人生の不安はなくなるでしょう。

あなたの手で、あなたの幸せをつかんでほしい。
本書は、そういう気持ちで書きました。
どうぞあなたの手で、自分らしい人生を切り開いていってください。

宮沢みち

手相早見表

始点（線のはじまり）、終点（線の終わり）、支線（線がわかれているところ）、長さ、カーブなどにわけて確認をしましょう。

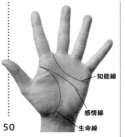

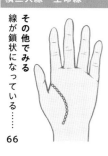

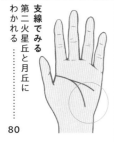

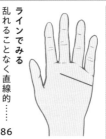

8

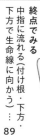

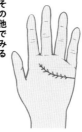
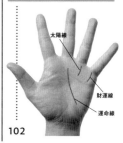

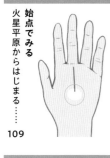

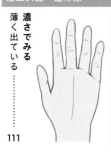

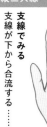
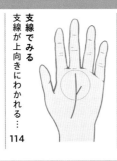
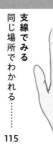

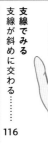

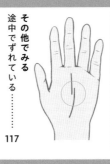
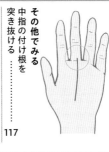
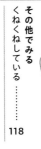

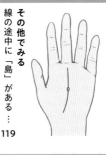

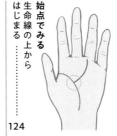
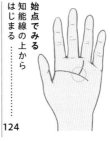

始点でみる
運命線の上・感情線の上からはじまる・太陽丘のエリアにある……

125

ラインでみる
まっすぐはっきりしている……

128

ラインでみる
くねくねしている……

128

ラインでみる
金星丘からのびる・太陽丘と水星丘の間・途中で切れている……

129

その他の大切な線

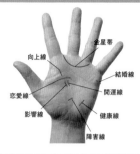

向上線
金星帯
結婚線
恋愛線
開運線
影響線
健康線
障害線

影響線……

134

恋愛線……

136

その他の大切な線

結婚線……

138

金星帯……

142

向上線……

146

その他の大切な線

開運線……

148

障害線……

150

健康線……

152

手相の基本

手相ってそもそもなんだろう？ 右手と左手どっちをみたらいいの？ 手相って線だけをみればいいの？ そんな手相の基本について、ていねいにまとめて解説しています。手相の基本を知って、人生に活用しましょう。

自分の手を好きになることから はじめましょう

手はあなたの魂そのものがあらわれる場所です

手には、その人の品性があらわれます。手の表情、手の動かしかたから、まわりの人はあなたがどんな人なのかを察知しています。手は思っている以上に、その人の印象を決めるのです。そこにはとても強いエネルギーが内在し、あなたのあらゆることがあらわれていて、あなたの魂の形そのものがみえているからです。

手は、顔やスタイルをこえて、相手にも自分にもメッセージを送り続けているのです。

もしかしたら「自分の手がそんなに好きではないの」という人もいるかもしれません。それでもだいじょうぶです。手の動きは心の動きと連動していますから、たくさんのいい経験をすれば、少しずつ自分の好きないい手となっていきます。

手は日々変化し、その魅力は年齢とともに高まります。きれいな肉付きは、ある程度年齢を重ねないとできませんし、しなやかさも年齢とともに生まれてくるものなのです。

手を美しく保ちましょう

あなたは、手を美しく保つ努力をどのくらいしているでしょうか。

なにもしていないようだったら、クリームを塗ってマッサージをしてみてください。それだけで手はいきいきと輝きます。手の表面にうるおいを与えるということだけでなく、あなたの人生にもうるおいを与えてくれるのですね。

手とのコミュニケーションが、自分自身を好きになることにつながりますよ。

アンラッキーサインがあっても心配しないで！

手相にはよいことばかりではなく、アンラッキーなサインが出ることもあります。でも、どこかの線にひとつあったからといって、アンラッキーだと決めつけないで。ほかの線や丘など、よくないとされる線がいくつも重なることで、示していることが起こりやすくなっていくのです。

よくないサインが出ていた場合でも、がっかりすることはありません。なぜなら大難を小難に、小難を無難にできる線も合わせて出ているからです。アンラッキーサインをみつけても不安に思わずに、全体をみてアドバイスしてくれる線を探しましょう。

また、本書にはすべての手相に「幸せに導くアドバイス」を紹介しています。自分の手をきらいにならず、いいところをのばしていきましょう。

よくない線が出ても落ち込まないで！アンラッキーを変えてくれる線をみつけよう

どうして手相から
いろんなことがわかるのでしょう

手相はエネルギーを読みとくための手がかりです

いま、この瞬間も私たちのまわりには宇宙から多くのエネルギーが降り注いでいます。エネルギーは当然、人間のなかにも直接入ってきます。このエネルギーを、体のなかでもっともキャッチする場所が「手」です。

指はとがっているので、アンテナとしての役割をもっており、たくさんのエネルギーが出入りします。各指にはそれぞれキャッチするエネルギーの種類があり、その指の発達によって、入ってくるエネルギーも変わります。

指から入ったエネルギーは、手のひらの手相を通って体のなかに入っていきます。手相は、エネルギーの川といってもよいでしょう。そして、手のひらにあるいくつものふくらみは丘と呼ばれ、それぞれの部位の発達具合で、その人のもつ性質がわかります。

エネルギーは目にみえないもののように思われがちですが、このように手の表情にあらわれていて、多くの情報を知ることができます。エネルギーを読みとくための法則をまとめたものが、手相なのですね。

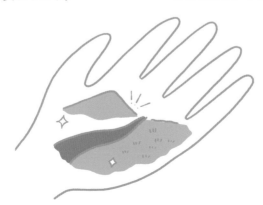

女性にとっての悪相もいまは「よい相」に

手相もここ30年でずいぶん変わってきました。

基本的に観相学（面相、顔相、手相に加えてみた目や表情などで、性格や才能などを判定しようとする学問のこと）は男性を中心につくられていることから、女性の相をみるときには男性にとって好ましい女性であることが前提に、相のよし悪しが判断されていました。

家で静かに家庭を守り、夫に尽くすのが女性の役割であり、そのような相をもっている人を大吉とし、エネルギーいっぱいでバリバリと働く人の相は男性の運気を下げる相としてよくないとされていました。

しかし、いまの時代、女性は社会でたくさんの役割を担っています。かつての女性がもってはいけなかった相が、いまではキャリアウーマンの相としてとてもよくなっていたりします。

手相の解釈は、時代とともに変わっていくものであり、時代を把握することは、手相を判断をするうえでとても重要になります。

実際に女性の手相自体も変わってきています。

たとえば運命線。昔は男性にはっきりと出る人が多く、女性にはほとんど出ていませんでした。それがいまでは、多くの女性にはっきりとした運命線をみることができます。運命線は仕事での実力発揮具合や満足度をあらわすので、女性もそれだけ充実してさまざまな仕事や役割をもっていることがわかります。

手相はその時代を反映しているのです。

手相ってなに？

手相はいつもあなたを
癒し、励ます存在です

手からは大きなエネルギーが発せられています

　人は本当に疲れたと感じたとき、自然と手をみるものです。なぜなら、手から癒しのエネルギーが出ているからです。

　手をみていると、あなたの顔に向かってエネルギーが発せられます。呼吸をするたびにエネルギーをたくさん吸いこむことができるので、気持ちが落ち着いて

くるのではないでしょうか。

　手のひらは「こうしたほうがいいよ」という導きも知らせてくれます。私たちは、たとえ手相がよくわかっていなくても無意識にメッセージをキャッチしているのですね。

　また、「手当て」という言葉があるように、手をそっと痛いところに当てると痛みがやわらいだ気がする、という経験はないでしょうか。なんとなくそういう気がするというのではなく、実際に手のエネルギーが患部を包み、その波動を変化させて起こる現象といえます。

手と手を合わせることで
より強いエネルギーをつくり出します

人は祈るとき、手のひらを合わせたり手を組んだりしますが、これも自分とスピリチュアルな存在との交信をするために、手から出るエネルギーを強める行為です。手と手を合わせると、エネルギーが内へとぐるぐると循環し、より強いエネルギーを生み出します。

人と握手をする、手をつなぐというのも同じです。手を通して相手のエネルギーをキャッチし、自分のエネルギーを与え、全身のエネルギー交流が行われているのですね。

生まれたときからすでに手相はあらわれています

生まれたばかりの赤ちゃんにも、手のひらには基本の線が刻まれています。「あなたの人生はこういう

人生です」「こんな才能があり使命があります」そして、「こういうことに気をつけて、あなたの人生がすばらしいものになりますように」と神さまからのメッセージが手に記されています。

手は今世の人生のバイブル。その読みときかたを知れば、きっと励まされ、らくに楽しく生きられるようになることでしょう。

手相をみるときは

右手と左手
どちらもみて判断しましょう

生まれもった運は左手に
いま起きていることは右手にあらわれます

　手相をみるときに、左手でみるの？右手でみるの？と聞かれることがありますが、両方の手をみるようにしましょう。

　左手には先天運、右手には後天運があらわれます。先天運とはあらかじめ決められた運、後天運とはこれから自分の意志で切り開いていく運です。

　その人の生まれもった運命を知りたかったら左手を中心に、実際にいま起きていることを知りたかったら右手を中心にみていきます。

　そして、左の手は右脳と連動しているので直感力やイメージ力について、右の手は左脳と連動しているので知識力や計算力について、みることができます。

　その人の隠れた才能や能力を知りたいときには左手重視、実際に人生に起きていることを知りたいときには右手重視で読みときましょう。

　ただし、手相はあくまでも両手をみながら判断するものです。片方の手相にだけサインがある場合は、起こる可能性を示しているだけです。両方の手相に同じようなことが出ていれば、その意味が強まります。ほぼその通りのことが起こると思ってよいでしょう。

左手は先天的なことがわかります

左手からは先天運、つまり生まれもった性格や
才能がわかります。

左手の肉付きがよくて、横三大線（→ p.50）や、
縦線など、その他の線もしっかりと濃く刻まれて
いると、直感力やイメージ力をつかさどる右脳が
よく発達していることをあらわします。薄く細か
い線が多いときには、繊細すぎて疲れやすくなっ
ていたり、脳が疲れていることがわかります。

こんなことがわかる！

本来の性格、
自分のもっている才能、
イメージ力、直感力

左手

右手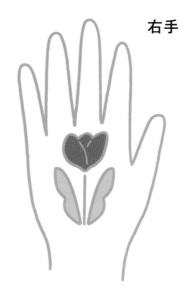

右手は後天的なことがわかります

右手には後天運があらわれます。いま、実際に
起こっている人生の様子がわかります。

右手の肉付きがよくて、横三大線（→ p.50）や、
縦線など、その他の線もしっかり刻まれていると、
知識力や計算力を受けもつ左脳が発達しているこ
とをあらわします。薄く細かい線が出ているとき
は肉体的な疲れがたまっているなど、日常生活の
苦労がわかります。

こんなことがわかる！

実際にあらわれる性格、
実際に出ている才能、
言語能力、計算能力、知識力

手相をみるときは

手のひらだけでなく
全体をみて判断しましょう

ひとつずつ順番にみて全体をつかみます

手相は、手全体をみて判断することが大切。手の甲、爪、指などもみていきます。片手だけでなく両手の全体をみるようにしましょう。

1 最初の印象をみる

手は最初の印象がとても大切です。手の表情に元気があるかないかを見極め、感じる気が手相につながります。力強い、やさしい、パワーを感じるなど、受けとった印象を基本にしてみていきます。両方の手を確認しましょう。

2 基本の横三大線（→ p.50）をみます

生命線はもっとも大切ですから、最初に確認します。次に知能線で人とものの考えかたを、最後に感情線で感情の性質やあらわれかたを確認します。

3 縦三大線（→ p.102）をみます

運命線、太陽線、財運線をみます。縦三大線はない場合もあります。水星線（→ p.130）もみます。

4 結婚線（→ p.138）をみます

結婚の時期や結婚生活をみます。

5 その他の細かい線（→ p.132）をみます

影響線や金星帯など、その他の細かい線をみます。

6 丘（→ p.40）の様子をみます

発達しているかどうか確認します。

7 指（→ p.34）をみます

指の形状や長さを確認します。指先の形によっても、出入りするエネルギーが変わります。

8 手の甲（→ p.30）をみます

手の甲の質感ややわらかさによって、手の線の濃さもかわります。手の形も確認します。

9 爪（→ p.36）をみます

爪の形状から、健康状態をみます。

10 総合的に判断します

必要な部分を総合的にみて、判断します。

手相を覚えるときは自分の手からはじめます

　手相を覚えるときには、自分の手でひとつひとつ線を確認するのが、上達の早道です。

　手相は、その日によって浮き出てくる線が違ってみえることがあります。とくに濃く浮き出ているようにみえる線は、いま自分のなかで興味をもっていたり、問題になっていたりすることにかかわっています。その問題をどのようにカバーしていったらいいのかも、手相にあらわれています。丘の肉付きや色も変化しますので、自分のセルフケアに役立てましょう。

エネルギーを交流させましょう

　相手の手相をみるときは、自分の手で覚えたときと反対になります。はじめは戸惑っても次第に慣れてくるのでだいじょうぶです。

　いい鑑定をするためには、相手に心を開いてもらうことが大切です。手を強く握らず、やさしくそえることで、相手の心をリラックスさせましょう。

　自分の手からは自分のエネルギーが伝わり、相手の手からは相手のエネルギーが伝わってきます。このエネルギーの交流がうまくいけば、相手の心にふれることができるようになります。鑑定するあなたも、相手の人生がよりよくなるようにと祈る気持ちで話すことができるようになり、いい鑑定につながるでしょう。

手のひらには線だけでなく「丘」と「平原」があります

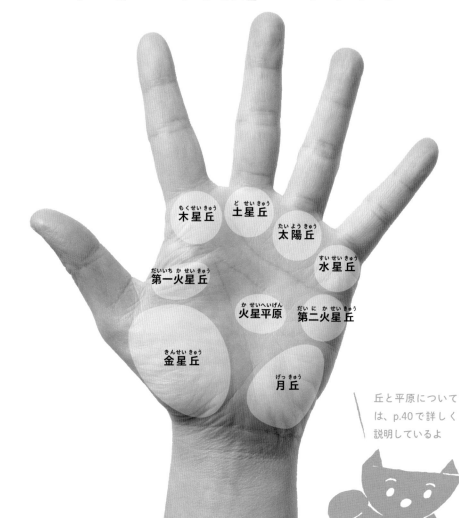

木星丘
もくせいきゅう

土星丘
どせいきゅう

太陽丘
たいようきゅう

水星丘
すいせいきゅう

第一火星丘
だいいちかせいきゅう

火星平原
かせいへいげん

第二火星丘
だいにかせいきゅう

金星丘
きんせいきゅう

月丘
げっきゅう

丘と平原については、p.40で詳しく説明しているよ

24

1枚の地図のようにみてみましょう

手相では、手のひらを1枚の地図のようにみていきます。手のひらの少し高くなっている部分を丘といい、その丘と丘の間をエネルギーの川が流れていて、それが線だと考えましょう。

手のひらの丘はそれぞれ金星丘、月丘、木星丘、土星丘、太陽丘、水星丘、第一火星丘、第二火星丘と惑星の名前がついています。

丘が盛り上がっていて、ハリがあると、その部分が発達しているということになり、丘のもっている意味合いが強まります。丘が盛り上がらず、へこんだようになっていると、意味合いは弱まります。

ただし、一般的には、中指の下にある土星丘は盛り上がっておらず、へこんでいます。健康状態が悪かったり精神的に不安定な人は、ここが発達しています。

そして、丘と丘に挟まれて、手の中心部分に、火星平原があります。ここは本来たいらですが、盛り上がっている人は、火星の性質である闘志が強く、格闘技やスポーツにすぐれるか、日常生活でも争いやけんかなどをしやすい傾向があります。

手相の線は「どの丘のあたりからはじまって、どの丘へ流れこむのか」で判断することが多いので、まずはひとつひとつの丘の意味を知ることが大切です。

手のひらをみる

大きな線は
「横三大線」と「縦三大線」です

横三大線

縦三大線

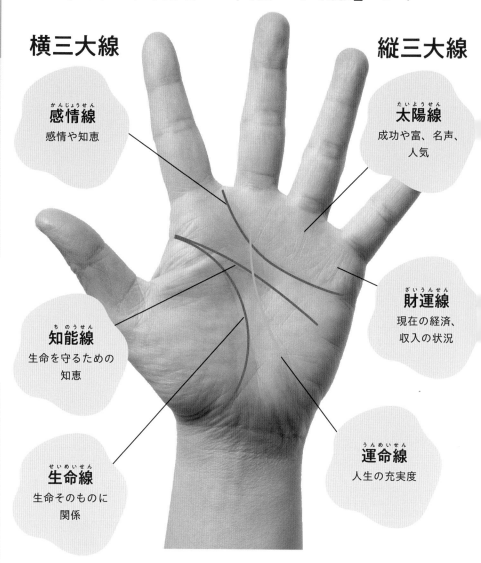

感情線（かんじょうせん）
感情や知恵

太陽線（たいようせん）
成功や富、名声、人気

知能線（ちのうせん）
生命を守るための知恵

財運線（ざいうんせん）
現在の経済、収入の状況

生命線（せいめいせん）
生命そのものに関係

運命線（うんめいせん）
人生の充実度

難しく思える手相の線ですが意外にシンプルです

手相にはたくさんの線があるようにみえますが、じつはとてもシンプルに構成されています。大きくわけて、横三大線と縦三大線、あとはその他の細かい線と覚えましょう。

横三大線 (→ p.50)

横三大線とは手のひらを横切る線で、生命線、知能線、感情線の3つです。人間が生きていくうえでもっとも大切な線です。

いちばん下にある線は生命線です。生命そのものに関係しているので、人の根幹である体内のエネルギーと連動しています。

その上にあるのが知能線で、生命を守るための知恵をあらわします。生命を維持するため肉体へ指示する脳と連動しています。

さらにその上にあるのが感情線で、感情や知恵をあらわす線です。外からの人とのかかわりをどのように対処するのか、気持ちと連動します。

この3つに、その人の基本的な生きかたがあらわれているのです。

縦三大線 (→ p.102)

次に大切なのが縦三大線です。縦三大線は、運命線、太陽線、財運線で、手のひらに縦に入っている3つの線のことです。

運命線は手首側から中指方向に伸びる線、太陽線は手首側から薬指方向に伸びる線、財運線は手首側から小指方向に伸びる線です。

縦三大線は絶対にあるわけではありません。運命線は実力の発揮具合や満足度をあらわしますが、女性には比較的出にくいとされています。これは、女性の手は線がはっきり出にくい質感であることも関係しています。

太陽線は成功や富をあらわし、短くても入っていたらとてもラッキーな線です。

財運線も、入っていたらコミュニケーション能力にたけ、金財運に恵まれる相です。

「島」があったら注意して！

線の上にはさまざまなサインがあらわれます。たとえば、線の上に出る、だ円形や円形の鎖のように丸い形を「島」といいます。

線がところどころ切れている場合は運勢に負の影響を与え、鎖状になっていると心身の疲労をあらわしています。ラッキーサインは p.57 で紹介しているので、チェックしてみて。

横三大線は p.50 縦三大線は p.102 で説明しているよ

細かい線をみると
さらに理解が深まります

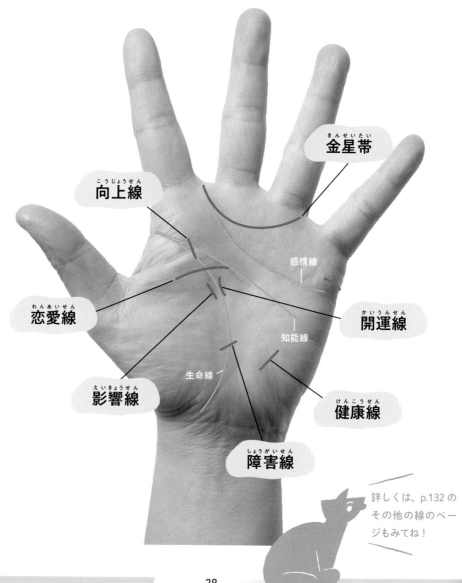

金星帯
きんせいたい

向上線
こうじょうせん

感情線

恋愛線
れんあいせん

開運線
かいうんせん

知能線

影響線
えいきょうせん

生命線

健康線
けんこうせん

障害線
しょうがいせん

詳しくは、p.132 の
その他の線のペー
ジもみてね！

28

大きい線をみたら、細かい線で理解を深めます

　横三大線と縦三大線という大きな線以外にも、細かいけれど大切な線がいくつかあります。何種類かありますが、まずチェックしてほしいのが、結婚線、金星帯、そして健康線です。

結婚線 （→ p.138）

　その人が生涯深い縁をもつ相手の数と、その時期をみることができます。小指はその名の通り、子どもや子孫をあらわします。この小指の下にある結婚線をみると、結婚に関することがわかります。事実婚の場合でも、線が出ます。ただし、結婚回数が多かったり、関係がとくに多かったりする場合には、数本だけでそれ以上は出ません。

金星帯 （→ p.142）

　結婚線から視線を中指、薬指方向にずらすと、そこにあるのが金星帯です。金星帯は感情線の上に出ている線で、人差し指と中指の付け根の間か、薬指と中指の付け根の間からカーブを描くイメージで出ています。この線は感性がとくに鋭い人にあらわれます。また、性的なアピール力があり魅力にあふれていることをあらわします。

健康線 （→ p.152）

　別名「不健康線」とも呼ばれていて、きれいに1本出ているなら問題ありません。「島」（→ p.27）をつくっていたり、曲がりくねっていたりしていると健康に問題があることをあらわしています。これは体の様子によって変化する線です。

まだまだある細かい線

　ほかにも、細かい線はいくつかあります。代表的なのが、開運線（→ p.148）です。生命線や運命線から薬指方向に伸びていて、開運するきざしです。流年法（→ p.98）という方法で開運する時期がわかります。

　開運線と似た線で、生命線や運命線から人さし指方向と中指方向に向かって伸びているのが向上線（→ p.146）です。流年法でみたときに、線がスタートする時期から開運するでしょう。

　影響線（→ p.134）と呼ばれる本当に細い線や、障害線（→ p.150）という線もあります。

手のひらだけでなく
手の甲もみて判断しましょう

手のひらと同じように手の甲の形も大事

手ひら同様にとても大事なのが手の甲です。手の甲にはいろいろな形があって、それによって手のひらの線も濃くなったり薄くなったりと変わってきます。手の甲が手のひらの線にまで影響するのですね。

手相を判断するときには、手の甲からも、どんな線が手のひら側に出やすくなるか確認します。とくに、女性は手の甲の質感がやわらかい人が多いもの。そうなると手のひらの線が出にくく薄めになるのでよくみるようにしましょう。

手のかたさやわらかさ、厚みなどもみて、総合的に手の甲を読みときます。

手のかたさ、やわらかさを確認してみましょう

かための手の人は、規則正しく仕事や勉強をするタイプ。才能を発揮して社会的にも地位を確立し、大きな成果を得ます。事業が成功したり、専門分野で実績を積みあげたりして、人の信頼を獲得します。

しなやかな手の人は、人間関係が円滑に保てる性質をもっているので、まわりの信頼を得ることができます。

やわらかめの手の人は、根気が続かないタイプ。依頼心が強くなり、なかなか成果がでません。なんでもよく考えるように注意しましょう。

手の厚みも関係します

手の厚みも、手相をみるときには必要です。手が厚い人は情も厚く、まわりに尽くすことができます。ときには自分が損をするようなことがあってもかまいません。役に立てることをなによりの喜びと感じます。多くの人のために働くことができるでしょう。

ただし手が厚すぎると、事情に顔を突っこみすぎて、トラブルに発展することもあるので、他人との距離の取りかたに気をつける必要があります。

手が薄い人は、知的で頭の回転が

速く、人のためよりもまずは自分のために動くタイプです。人にはあまり深く介入しようとしません。ある程度の距離を保っていたほうがトラブルが少ないと考えて行動するからです。自分の力量をちゃんと把握していますから、無理をすることはないでしょう。

手の厚みが薄すぎると、小さいことで悩んだり、人を束縛したりし、孤立しやすくなります。あまり人のことばかりに意識がいきすぎないように気をつけるといいでしょう。

手の甲をみるときは
関節と手の出しかたもチェック

指の関節によってどんな性格かがわかります

　手の甲をみるときにチェックしたいのが、指の関節です。関節は人によって出ている人がいたり、まったく出ていない人がいたりとさまざまです。関節は、知性のあらわれでもあり、とくに事務的能力をみるのにはとても役立ちます。

　関節が出ている人は几帳面で、人にいわれたことを正確にこなしていく力があります。記録をとったり計算をしたりというこまごまとした作業も、問題なくていねいにしますから、仕事で信頼を得て活躍することができます。

　関節が出ていない人は、人からいわれたことを忠実にこなすことは苦手で、努力をしないとミスが出がちです。関心があちこちに向いているので、どうしても集中ができないときがあります。自分自身で無理に解決しようとするよりも、だれかと協力するといい結果につながるでしょう。

　手の肉付きがよいと、関節が本来出ているのにもかかわらず、わかりにくいこともあります。そのときは関節が出ていないと考えて判断します。

32

手の出したかでも個性が出ます

「手を出してください」とお願いしたときに、どのような出しかたをするのかでも、性格を判断することができます。相手の大まかな性格がわかるとコミュニケーションを取りやすくなるので、参考にしてください。

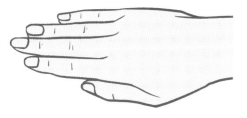

指をそろえて出す

指をそろえて出す人は、常識があり、礼儀正しいタイプ。人のことをよく観察し、慎重に行動します。軽はずみなことはしません。

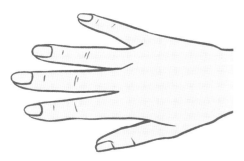

指を開いて出す

どんな人に対してもわけへだてなく接します。思いきりがよく、あまり深く考えて行動するタイプではありませんが、信頼できます。

指をすぼめて出す

慎重で、警戒心が強いタイプ。親しい人にしか心を開きません。経済観念がしっかりしているので、貯金を増やせます。

指をみるだけででも
その人の性格がわかります

指の長さと種類で性格を確認してみましょう

指の形や長さも大切です。指が長いか短いかは、手首から中指までの長さと、中指の長さを比べて判断します。同じくらいか、中指のほうが長いようなら、指が長いといえるでしょう。

指が長い人は繊細な神経をもっており、周囲との調和を大切にします。感性もすぐれているので、知的な職業に向いています。

指の短い人は、前向きでポジティブ。常に積極的で、新しいアイディアを生み出します。

それぞれの指によって、入ってくるエネルギーが変わります。

親指は健康運、人さし指は仕事運、中指は総合運、薬指は事業運、小指は子ども運・商才のエネルギーが入ってくるのです。

指はアンテナなので、少しでもケガをすると指先のエネルギーを受けとる力が弱まってしまいます。まずはケガをしないことが重要です。

また、よくないエネルギーが指にたまっていると、刃物を引き寄せます。切り傷などのケガが多いときは、指に悪いエネルギーがたまっているのかもしれません。慎重に行動するようにしましょう。

手首から中指の長さと中指の長さで比べよう。同じくらいの長さか、それ以上だったら、指が長いということだよ！

指先も、性格を判断するときの大切な要素です

　エネルギーは指先から出入りするので、アンテナの先端である指の形状でも、どのようなエネルギーが入ってくるのかがわかります。たとえば、指先がとがっている人は、音でいえば高い音、イメージ的には細かい波動をキャッチします。それぞれの特徴をチェックしてみましょう。

指先がとがっている

指先がとがっている人は、繊細な精神をもっています。人の行動に敏感で、ついつい他人を意識しながら行動しがち。感性にすぐれて美的センスもあります。

指先が丸い

指先が丸い人は、おだやかな波長のエネルギーをひろうことができ、対人関係を円滑に結ぶことができます。自分の才能をうまく人にアピールできるので、仕事が順調に進みます。

指先が四角い

指先が四角い人は、勤勉でまじめなエネルギーをひろうことができます。また、まわりを気にしないところがあるので、余計なことは考えずに自分のペースで行動します。神経をつかわず、人とは距離をもって接することができます。プライベートよりも仕事重視なので、仕事で自分の人生を充実させます。

爪をみると
健康状態がわかります

体のどこに問題が起きやすいのかを教えてくれます

爪は「血の余り」といわれていて、髪と同様にどんどん伸びていくものです。爪の状態はそのまま健康状態と連動しています。爪の色が変わったり、変形などが起きたりするときは、なにかしらの変化が体にあることを示しています。

爪は指先にあることから、その指のエネルギーを整える効果があります。意識して爪を常にきれいに整えていると、健康状態も良好に保てるでしょう。

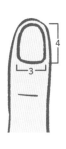

標準

縦4：横3の比率の爪の人は、理想的な標準の形。だいたい、指の第一関節の半分くらいの大きさです。血色がよければ、運気も良好です。

白い三日月がある

爪の根元に白い三日月がある場合、体がじょうぶな証拠。少しぐらい無理をしても体力があるので、すぐに回復します。大きな病気にもなりにくいでしょう。

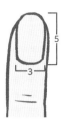

爪が長い

縦5：横3の比率の長い爪は、頭部や胸部などの上半身に病気が起こりやすいことをあらわしています。鼻炎、ぜんそく、気管支炎、口内炎などに気をつけて。睡眠を十分にとったり、保湿に気をつけたりして、のどのケアをしましょう。

爪が短い

短い爪の場合は、腰や子宮など下半身の病気に注意が必要です。腎臓や肝臓の病気にも気をつけてください。爪が薄くて根元に食い込んでいる場合は、神経痛やリウマチになりやすい傾向が。ストレッチをしたり食事に気をつけて、予防に心がけましょう。

幅が狭い

幅が狭い爪は、骨が弱い傾向があります。とくに脊椎が弱い可能性があり、骨の病気に注意が必要です。カルシウムを補うなど対策を行いましょう。

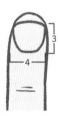

幅が広い

縦3：横4の割合の爪で、なおかつ女性の場合は、婦人科系が弱い傾向があります。定期的に婦人科検診を受けるなど、注意しましょう。

そっている

そっている爪の場合は、ストレスが多く、アルコールなど、なにかに依存しがちです。心が弱っていると感じたら、体力をつけることで改善されます。

手相をもっとパワーアップ！
chapter 1

毎日の行動や習慣で、よりよい手相に近づくようにしましょう。

指輪でエネルギーをコントールしましょう

手の指は、天から降ってくるエネルギーをキャッチする、アンテナの役割をしています。この指のアンテナの受信状態を、指輪によってコントロールすることができます。

中指は自分をあらわす指です。ここに指輪をすると、自分の内なるエネルギーを外にもらすことなく、自信をもてるようになり、自分の才能を発揮できます。

薬指に指輪をすると、新しく外から入ってくる恋愛対象の人を遮断し、いま自分のそばにいる人との恋愛関係をよくします。

人さし指に指輪をすると、人を拒絶しチャンスをなくしやすいので注意が必要ですが、疲れているときにつけるのは効果的。人の気を受けないので、自分の身を守ることができます。パーティや人前に出なくてはいけないときなどにつけると、負のエネルギーを避けることができるでしょう。

手のマッサージでエネルギー受信能力アップ

手はエネルギーがたくさん出入りする場で、エネルギーをうまく循環させるためには、マッサージがとても有効です。

まず、マッサージをする前にハンドクリームを塗ります。はじめに手首からひじにかけて、もみほぐしながら上がっていきます。

次に、手のひらの三大線（→ p.50）の上を、もう一方の手の親指で強めになぞります。各指を根本から先に向かってもみほぐし、指の先をひっぱります。両方行いましょう。

左右の手の指を絡ませて拝むときのように組み、手首から前後によくゆらすように動かします。手にしなやかさが出ると運気もアップします。

丘と線をみる

手のひらの盛り上がりと平らなところを指す「丘と平原」、基本となる大事な線「横三大線」、いまのことがわかる「縦三大線」、その他の重要なことをみる「その他の線」にわけて、手相でみるべき場所を詳しく紹介します。

丘と平原で
性格と運の強さがわかります

手のひらの少し高くなって盛り上がっている部分を「丘」と呼び、手の中心あたりのへこんだ部分を火星平原と呼びます。それぞれの意味を細かくみていきましょう。

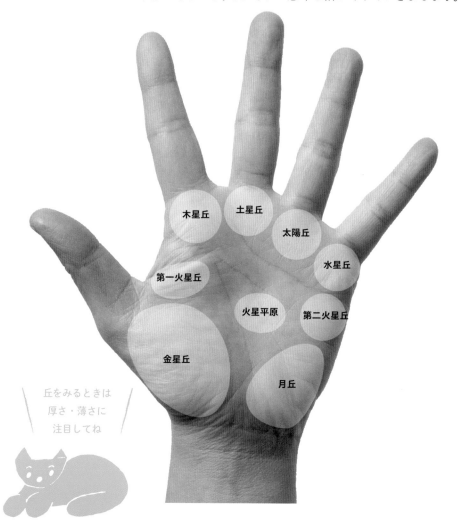

木星丘
土星丘
太陽丘
水星丘
第一火星丘
火星平原
第二火星丘
金星丘
月丘

丘をみるときは
厚さ・薄さに
注目してね

丘の厚みやかたさをみてみましょう

丘に惑星の名前がついているのは、それぞれの惑星と対応して宇宙のエネルギーを受信しているから。

8つの丘とひとつの平原は、それぞれ、その人の能力や性質をあらわしています。

丘にハリがあって、盛り上がりや厚みがあるほど受けているパワーが強く、能力や性質が強いことを意味します。

8つの丘とひとつの平原でわかること

金星丘
生命力の強さ、
愛情の深さ、寛容さ

月丘
人間関係、
芸術的センス、直感力

木星丘
向上心、野心、
統率力、自己実現力

土星丘
思慮深さ、分析力、
感情の抑制力

太陽丘
縁に恵まれた成功、
人生の幸福度

水星丘
社交性、会話力、
商才、家庭運

第一火星丘
勇気、やる気、
競争力、積極性

第二火星丘
忍耐力、内省する力、
冷静な判断力

火星平原
自我の強さ、
感情と理性のバランス

金星丘をみる

健康、生命力の強さが わかります

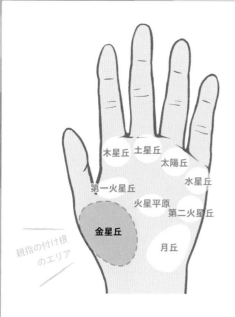

木星丘　土星丘
太陽丘
水星丘
第一火星丘
火星平原
第二火星丘
金星丘
月丘
親指の付け根
のエリア

親指の付け根あたりにある金星丘。目にみえるリアルな世界、その人の生きる力をあらわす場所です。人生の豊かさをつかさどるバロメーターでもあり、生きとし生けるものへの慈悲深さや愛情、心の広さなどもあらわします。

盛り上がりが厚くて肉付きがいい

生命力が強く まわりを幸せにする

生命エネルギーにあふれ、健康に恵まれています。前向きに自分の人生を切り開いていくことができるでしょう。人や動物、植物にも愛情深く、周囲の人に幸せなオーラをわけてあげられる人です。包容力があり、一緒にいると安心感を与えます。

盛り上がりが低くてなだらか

気をつかいすぎる

体が疲れやすく、気持ちが追いつかないことも。人の前に出るというより、一歩引いているので、遠慮深く見えます。なんでもクールに受け止めて、人の気持ちに踏み込むことを嫌います。物事に飽きっぽいところもあります。

月丘をみる

コミュニケーション能力や
人気、インスピレーション、
人間関係がわかる

手首に近いところの盛り上がりが月丘。
目に見えない神秘の世界をあらわしま
す。月の引力のように、人やものを引
きつける力をもつ場所。他人とのかか
わりかたや会話のセンス、芸術性や文
章力など感性の高さもあらわします。

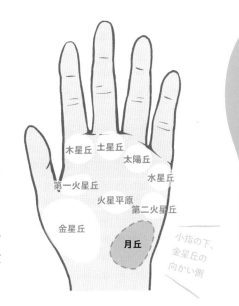

木星丘　土星丘
太陽丘
水星丘
第一火星丘
火星平原
第二火星丘
金星丘
月丘

小指の下、
金星丘の
向かい側

盛り上がりが厚くて肉付きがいい

目にみえない力を感じる

インスピレーションが強く、ひらめきや想像力が豊か。
考えたことを広げて発展させていくことができます。
人に興味があるので、いろいろな人から声がかかる人
気者です。スピリチュアルな物事への関心度も高く、
見えない世界から生きるヒントをつかみます。

Advice

幸せに導くアドバイス

自分の人気で運をアップさせ
られます。どんどん自分を磨
いて輝かせてください。話す
力が備わっていますから、趣
味や仕事で語学にとり組むの
もいいでしょう。

盛り上がりが低くてなだらか

現実的でシニカル

現実的な性格で、数字など根拠のあるものを信じるタイ
プです。そのせいで視野が狭くなると、目標を立てても
行き詰まることが多いかも。物事をシニカルにみすぎて
批判的にならないように心がけ、まわりに対して柔軟な
視線をもつようにすると運気がアップします。

Advice

幸せに導くアドバイス

人は人、自分は自分と思って、
まわりを批判的にみないように
心がけて。感情が安定すると魅
力が増し、よりよい人間関係が
築けます。

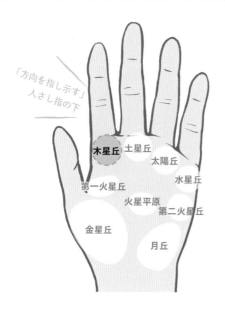

「方向を指し示す」
人さし指の下

木星丘

土星丘

太陽丘

第一火星丘

水星丘

火星平原

第二火星丘

金星丘

月丘

木星丘をみる

リーダーシップ力や
野心、向上心がわかる

人差し指の真下にある木星丘は、人をまとめて率いる、まさにリーダーシップ能力をあらわす場所です。同時に野心やモチベーションの高さ、上に行こうとする権力欲、高い理想をもち、夢に向かっていくチャレンジ精神などをあらわします。

盛り上がりが厚くて肉付きがいい
向上心が強く
リーダーシップあり

頭で描いたことを積極的に実行に移し、物事をおし進めることができます。自分の意見をはっきりいって、まわりを納得させる力があるので、人のいうことに従うよりはリーダーとして活躍できるでしょう。

盛り上がりが低くてなだらか
消極的でひかえめ

ひかえめでいることを美徳としています。そのぶんやる気がないようにみえることもあります。せっかく才能があっても生かしきれないことも。内に秘めるエネルギーがあるので、少しだけ積極性を出してみましょう。だんだんと行動力が身についてきますよ。

土星丘をみる

思慮深さや感情の
コントロール力がわかる

中指の下のエリアで、比較的高さが
ない場所です。ここが厚い場合は、
自分を客観的にみつめる力、思慮深
さ、感情を抑制する能力が高いこと
をあらわします。何事も自分の頭で
考えられるかどうかは、人生のハン
ドリングに大きく影響するでしょう。

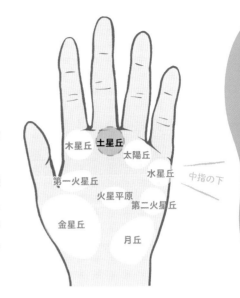

木星丘　土星丘　太陽丘
第一火星丘　　　　　水星丘　中指の下
火星平原
第二火星丘
金星丘　　　月丘

盛り上がりが厚くて肉付きがいい
思慮深くてまじめ

論理的に思考するまじめなタイプ。忍耐力もあるので
地道な行動をとることができます。自分を知ろうとす
る気持ちと同様に、他人を理解する気持ちがあるので
人望もあついでしょう。悩みやすいところも。

Advice
幸せに導くアドバイス

体調が悪いときなどに思いつめ
やすいタイプ。ひとりでいる時
間をできるだけ少なく、家族や
友人など心が休まる、好きな人
といる時間をつくるようにし
て。あわない人はできるだけ避
けるのも手。

盛り上がりが低くてなだらか
人のことを気にしない

人のいうことを気にしないわが道タイプ。あまり物事
を深く考えないので、ストレスに強いはず。マイペー
スで人の行動はまったく気になりません。人のために
なることを行うと、まわりとうまくやっていけて、関
係が良好になります。

Advice
幸せに導くアドバイス

自分自身をよく理解しているの
で、自信をもって物事にとり組
んでください。人のことを配慮
しながら、調和を重視して行動
しつつも、自分の軸を大切に判
断しましょう。

太陽丘をみる

人生の豊かさや成功 安定がわかる

薬指の下のエリア。太陽エネルギーを受けて、その人を成功へと導く力を授けてくれます。人間的な魅力があるか、やりがいのある仕事で成功できるか、経済的安定が得られるかなどをあらわします。結婚指輪をはめる薬指の下にあるため、恋愛とかかわりの深い指でもあります。

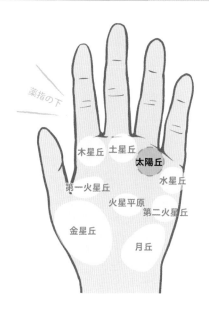

薬指の下

木星丘　土星丘
太陽丘
第一火星丘　　　水星丘
火星平原
第二火星丘
金星丘
月丘

盛り上がりが厚くて肉付きがいい
幸せを手に入れられる

太陽のようにまぶしい魅力をもっています。人から親しまれ、会話も巧みなのでいろいろな縁に恵まれます。仕事や、経済的安定にいかすことができる力をもっているので、なにごともうまく進み、成果を得ることができます。

Advice

幸せに導くアドバイス

人のために自分ができることを無理のない範囲で行い、人にやさしく接しましょう。それは、自分を大切にすることにもつながります。人や物がどんどん集まってくるでしょう。

盛り上がりが低くてなだらか
自己肯定感が低い

自己肯定感が低いタイプ。そのため人脈が広がりにくく、世界が狭くなっていませんか。人と比べては落ち込んでばかりいると、せっかくのチャンスも通りすぎてしまいます。まずは自分を愛することからはじめ、人にも愛を与えるようにしましょう。

Advice

幸せに導くアドバイス

欲望を強くもつことが大切！目標を具体的にイメージして現実にしましょう。「自分は幸せで、なんでも引き寄せられる」と想像しながら、瞑想するとよいでしょう。まわりへの感謝の気持ちも生まれます。

水星丘をみる

コミュニケーション能力や
金運がわかる

小指の下のエリア。コミュニケーション
能力があるか、人との関係性をじょうず
に構築できるかなどに関わる場所です。
ほかに頭の回転のよさ、表現力、商才、
家庭や子どもに恵まれるかなどをあらわ
します。人とうまくやっていける才能は、
さまざまな恵みをもたらし、大きな財産
を築くことにもつながります。

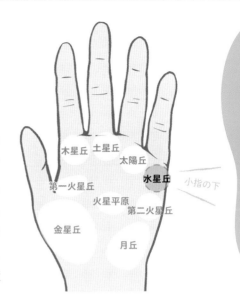

木星丘　土星丘
太陽丘
第一火星丘　　水星丘　小指の下
火星平原
第二火星丘
金星丘
月丘

盛り上がりが厚くて肉付きがいい

感情表現がじょうずで
対人関係も良好

情報を伝える力があり、感情表現が豊かなので、人の
信頼を集めることができます。それによって、ビジネ
スチャンスにも恵まれるでしょう。丘に適度なかたさ
があると、盤石な家庭を築き、子どもにも恵まれます。

幸せに導くアドバイス

人とかかわる力があるので、積
極的に人が集まる機会をつくり
ましょう。ホームパーティなど
を開き、いっしょにいて落ち着
く人たちと楽しい時間をすごす
と運も上昇します。

盛り上がりが低くてなだらか

お金に関心がない

対人関係に悩むことが多くなるので、結果的に何事も
消極的になりがちです。蓄財が苦手で、お金まわりへ
の関心も薄く、気がついたらなくなっていたというこ
ともあります。意識して小指を動かし、水星丘を盛り
上げて運気をアップしましょう。

幸せに導くアドバイス

貯蓄したいと思うと、今度は節
約しすぎるので気をつけて。必
要な教育費や食費まで減らす必
要はありません。まずはなにが
むだづかいなのかを考えて、少
しずつ減らしていきましょう。

第一火星丘をみる

積極性や行動力
やる気がわかる

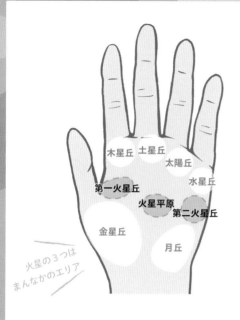

木星丘　土星丘
太陽丘
第一火星丘　　　水星丘
火星平原
第二火星丘
金星丘
月丘

火星の3つは
まんなかのエリア

人差し指の下にある木星丘と、親指の付け根の広いエリアを占める金星丘に挟まれているのが、第一火星丘です。意欲をあらわす場所で、目標に向かっていく勇気、競争相手に闘志を燃やすことができるか、積極的に外の世界へ出ていけるかなどをみます。気力の充実度もわかる場所です。

盛り上がりが厚くて肉付きがいい
積極的に行動する

行動力があり、どんどん前に進むことができます。モチベーションが高く、周囲に元気をふりまくタイプ。丘の肉付きがよくてもハリやツヤがない場合は、前のめりになり空回りしがちなので気をつけて。

Advice
幸せに導くアドバイス

たまには休むことも必要。精神的に前進しようと思っても、体がついていかないことがあります。規則正しい生活をし、気持ちと体を一体化させることで安定します。

盛り上がりが低くてなだらか
競争が苦手で流されやすい

やる気がなかなか出ず、周囲に流されることも多いのでは。競争を避けたいので、なるべく無難なラインですませたいタイプです。免疫力がすぐに下がってしまうので、体調を崩すこともしばしば。まずは精神面を整えて、体調管理をしっかりと。

Advice
幸せに導くアドバイス

決断力が弱いので、迷っている間に時間だけがすぎてしまい、結局なにも決められないことも。AかBかどちらか迷ったときは「最初にいいなと思ったほうにする」と決めて、物事を前進させましょう。

第二火星丘をみる

がまん強さと乗りこえる力がわかる

水星丘と月丘に挟まれ、第一火星丘とは逆に、内に向かうエネルギーをあらわします。自制心や冷静さ、忍耐力や苦難を乗りこえる力の有無をみます。

盛り上がりが厚くて肉付きがいい

忍耐力で克服

トラブルやうまくいかないことがあっても、くじけずに次を冷静に考えることができます。自分に負けず人生を切り開きます。

Advice

幸せに導くアドバイス

器用でなんでもできてしまい、人の助けを借りようとしません。自分だけの力でがんばりすぎるところがあるので、はやめに人の助けも借りましょう。

盛り上がりが低くてなだらか

意志が弱く、自信がない

自分に自信がないので、人の意見にすぐに左右されてしまいます。また、失敗しても原因を深く考えないので、同じことをくり返すかも。

Advice

幸せに導くアドバイス

気にしすぎないで。人はあなたのことなど考えもしていません。客観的に自分をみながら自分のやりたいように、状況を判断して行動しましょう。

火星平原をみる

自我と理性のコントロール力がわかる

手のひらの中央のくぼみが、火星平原。自我の強さと理性をあらわします。強すぎても弱すぎてもマイナス面があるので、コントロールする力が重要です。

盛り上がりが厚くて肉付きがいい

自己中心的で戦闘的

闘争心が強く、トラブルに突っ込んでしまう無鉄砲なところもあります。まずは感情的にならないよう落ち着きましょう。

Advice

幸せに導くアドバイス

自分の話ばかりで人の話を聞いていないときがありませんか。自分にこだわらず、柔軟に物事を考え、人の話を参考にして。

盛り上がりが低くてなだらか

温厚で穏やか

やさしく温厚。感情に左右されず、おだやかな生活を送ることができます。まじめで人に信頼され、順調に成長できる人生です。

Advice

幸せに導くアドバイス

常に安心感に包まれているので、危機感が薄いところが。なにかが起こった場合、パニックにならないよう、ふだんからの備えが大切です。

横三大線で
基本の運命がわかります

横三大線は、手のひらを横切る基本中の基本の線。
この3本を鑑定すれば、基本の性格や運命を知ることができます。

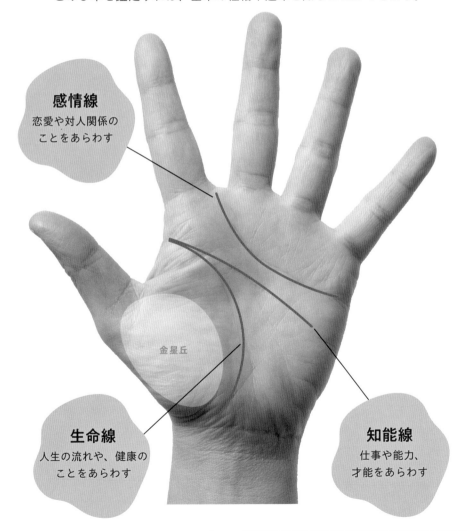

感情線
恋愛や対人関係の
ことをあらわす

金星丘

生命線
人生の流れや、健康の
ことをあらわす

知能線
仕事や能力、
才能をあらわす

一生の流れがわかる
生命線

親指と人差し指の間から、金星丘にそっ
て手首へと流れる線です。肉体や生命
の状態から、その人がどのような一生
を送るのか、寿命や健康状態などをみ
ていきます。恋愛や結婚、環境の変化
や心境の変化、人生におけるさまざま
な節目についてもみることができます。

横三大線から
わかること

思考や才能がわかる
知能線

生命線と同じく、親指と人差し指の間
からはじまり、小指側のふくらみへと
のびていく線が知能線です。長さに
よって思考を実行に移すスピードを、
またカーブの描きかたによって、表現
方法のタイプやどのような才能をもっ
ているのかがわかります。

対人関係がわかる
感情線

小指の下からはじまり、人さし指のほ
うへ向かって手のひらを横切る線が、
感情線です。わき上がる愛情や気持ち
をどのようにコントロールしているか、
人とかかわったときに生じるさまざま
な感情をどのように処理しているのを
あらわします。

横三大線は
基本中の基本！
大事な線だよ

生命線をみてみましょう

健康状態と、人生の流れや転機など、どのような人生を
送るのかがわかる重要な線です。

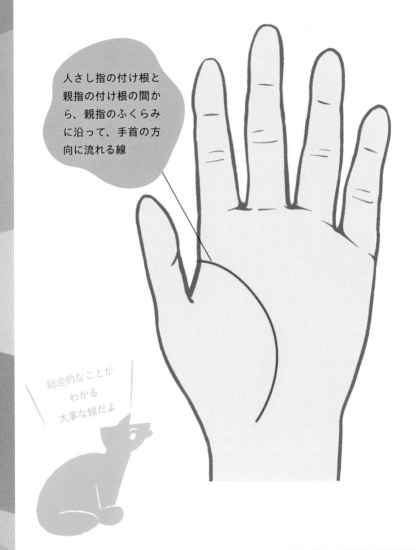

人さし指の付け根と
親指の付け根の間か
ら、親指のふくらみ
に沿って、手首の方
向に流れる線

総合的なことが
わかる
大事な線だよ

生命線では、一生の流れがわかります

生命線にはその人の生命の形があらわれます。肉体と心がどのような状態であるかがわかり、どの線よりも大切な線です。

生命線がくっきり出ていれば、生命力に勢いがあるあらわれで、肉体も精神も強い性質があります。反対に弱々しくみえたら、肉体も精神も疲れやすい性質です。

健康状態も生命線の形状で判断できます。ケガや病気の前なども生命線に出ていますので、事前に知っていれば回避することも可能ですね。

人生の歩みかたもわかり、寿命をはじめ、いつ結婚するか、いつ昇進するか、どんな努力をするのか、どんな開運をするのかなど、細かい人生の進みかたがそのまま出る線です。

生命線をみるときは

生命をつかさどる生命線を始点、終点、カーブ、支線、切れ目のカテゴリーにわけて、次のページから詳しく解説します。

みるところ	わかること	ページ数
始点をみる	気質、人生	p.54
終点をみる	気力、体力の状態	p.56
長さをみる	生命力の強さ	p.58
カーブをみる	バイタリティ、精力	P.60

みるところ	わかること	ページ数
支線をみる	トラブルの前ぶれ	p.62
切れ目をみる	健康や人生の転機	p.64
その他をみる	弱点などの暗示	p.66

生命線がわからないときは？

生命線は、出生時の難産によって一度呼吸が停止したことがあったり、体が極端に弱かったりすると、短かくわかりにくくなります。ただ、生命線は必ずある線。よくわからないときには、はじまりのほうに注目！　手首側にカーブを描いている線を生命線と考えましょう。

その人の人生や気質がわかります。

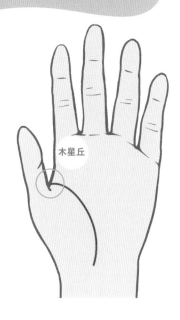

親指側からはじまる

向上心があり野心家

始点が親指側の下のほうにある場合は、向上心や野心をあらわす木星丘の範囲が広くなり、その意味合いも強くなります。かなり下のほうからはじまっている場合は、意味合いが強くなりすぎて、自分の利益を考えてしまう傾向にあります。

Advice

幸せに導くアドバイス

欲が正しい方向に進んでいるときはよいのですが、そうでないときには孤立してしまいます。個人的な利益だけでなく、まわりの人のためにもなっているかを考えて行動しましょう。

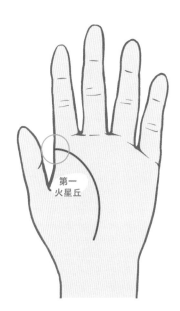

人さし指側からはじまる

正義感が強い

始点が人差し指側からはじまっている場合は、積極性や意欲をあらわす第一火星丘が広くなるので、その意味合いが強まります。正義感が強くなり、人や社会のために働くことに意義を感じます。周囲から信頼され、引き立てられることで幸せを感じます。

Advice

幸せに導くアドバイス

自分が正しいと思うのはよいこと。それを人にも強要しないよう注意しましょう。人それぞれ立場も考えかたも違い、すべての人に自分の正義があてはまるとは限らないからです。

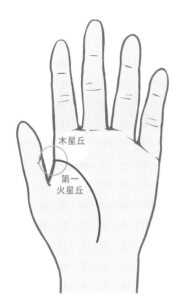

木星丘

第一
火星丘

まんなかからはじまる
バランス感覚が抜群

人差し指と親指のまんなかからはじまっている場合は、木星丘と第一火星丘の意味合いをバランスよくもっています。人のことは助けつつ、踏み込みすぎません。自分を見失うことなく周囲とともに成長することができる、平和的な感覚をもっています。

Advice

幸せに導くアドバイス

なんでも完ぺきにできてしまう、人が憧れる存在です。それをいつまでもキープできるようにアンテナをはりましょう。話すのがもともとうまいので、さらに磨いていきましょう。

生命線の入りかたと丘の範囲に
注目しましょう

　生命線が丘をどのように通るかで、丘の大きさが変化し、エネルギー量が変わります。

　生命線が高い位置から出ている場合は、木星丘が狭く、第一火星丘が広くなります。そうすると、木星丘の意味が小さく、第一火星丘の意味が大きくなりますね。木星丘の、社会的に成功したいという、人からの評価を重視する心が小さくなり、第一火星丘の自分のモチベーションを高めたいという積極性や行動力が強くなるため、自分の正義を通すという意味になるのです。

　逆に生命線が低い位置から出ている場合は、木星丘が広く、第一火星丘が狭くなるため、人からの評価を重視し、社会的成功を求めます。このように線の入りかたで丘の範囲が変化し、鑑定結果につながるのです。

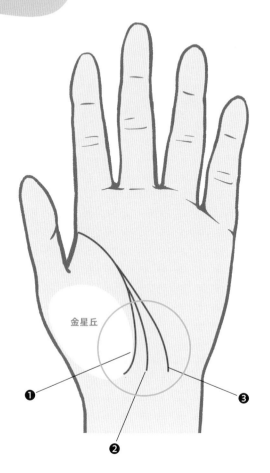

金星丘

① ② ③

親指側に流れる①

気力と体力が充実

生命線が金星丘に沿ってきれいにカーブし、先端が親指側に向かっている場合は、もっとも理想的な形。愛情を受けて育ったため情緒が安定していて、人と調和をとりながら生活することができます。気力や体力も安定し乱れることが少ないでしょう。

Advice

幸せに導くアドバイス

恵まれた環境に生まれた強運に感謝しましょう。自分自身の生活が満たされてきたら、その幸せをほかの人にも分けてあげましょう。だれかの役に立つ行いをし、人と遊ぶ機会をつくると、さらに運気がアップしますよ。

手首方向にまっすぐ下りる❷
気力と体力が不足気味

生命線が手首方向にまっすぐ下りている場合は、気力と体力が続かないため自信がなく、何事にも消極的になりがちです。それによる悪循環で精神的にふさいだり、不安定になってしまうことも。飽きっぽい傾向もあります。

Advice
幸せに導くアドバイス

どんな人生が自分らしいかを考えて、他人の人生と比べることなく、いちばん楽に生きられる道を選びましょう。物事にとり組むときは、普通の人の倍以上の時間がかかるつもりで。そのぶん、ていねいに物事を進められ、充実感が得られるでしょう。

小指側に流れる❸
気力と体力が過剰気味

生命線の先端が小指側に流れている場合は、気力と体力がやや過剰になっています。休んでいると落ち着かず、ついなにか手をつけてしまうような気質で、エネルギッシュです。実は仕事や住所が定まらない傾向も。

Advice
幸せに導くアドバイス

その場その場で臨機応変に対処できるよう、精神的に自分が身軽になっている必要があります。いらないものはどんどん捨てて、自分に必要な物と人だけをまわりに置くようにしておきましょう。

「星」と「三角」は
ラッキーサイン！

　ラッキーサインとしては星や三角などあります。「星」は3本以上の線が交差している形をしており、幸運と成功を示す強運サインです。ただし、土星丘に出ている場合は、災難をあらわすので注意して。

　主要な線上ではなく、単独であらわれる「三角」の形は成功のきざしです。そのサインがあらわれた丘の意味合いを強め、その分野の才能が開花するでしょう。

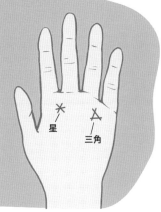

星　三角

長さでみる

寿命や生命力の強さがわかります。

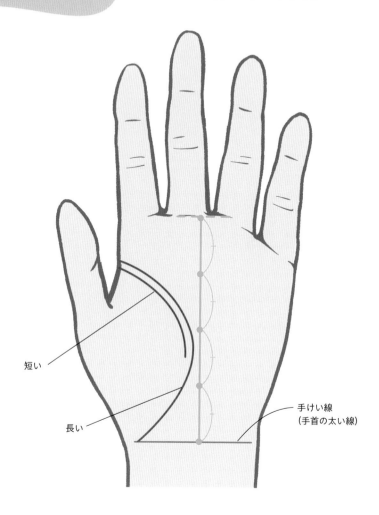

短い

長い

手けい線
（手首の太い線）

生命線の長さをみてみましょう

中指の付け根から、手首にある太い線（手けい線）までを4等分し、下から1/4より手前で終わっているか、1/4部分をこえてのびているかがポイント。

生命線が短い

出生時のトラブルを
あらわす

生命線が短くても心配はいりません。短命というわけではなく、胎児のとき、または出産時になんらかのトラブルがあったことを意味します。無事大人になって元気であれば、問題なし！　むしろ一度災難を乗りこえたことになり、厄払いができたともいえますね。

Advice

幸せに導くアドバイス

すでにカルマ（宿命）は晴らされていますから、自分の思った通りに自由な人生を歩みましょう。人が無理ということもやってみたら案外、うまくいくことが多いでしょう。常にポジティブな気持ちが大切です。

生命線が長い

長寿人生のあらわれ

手けい線まで生命線がのびている場合は、寿命が長いことをあらわしています。なおかつ、線がはっきりと切れ目のない状態であれば、大病を心配することなく健康に年を重ねることができます。

Advice

幸せに導くアドバイス

エネルギーの出しかたがうまく、自分の人生を充実させることができます。さらに太くよい線にするために、魂の入れ物である体を鍛え、健やかに保つことで運気はどんどんよくなります。早起きもよいでしょう。

健康状態は線の濃さも関係があります

　健康状態をみるためには、生命線の濃さが関係します。濃くはっきり出ていれば健康な肉体をもっていて、少しの病気やケガならすぐに回復することができます。

　反対に生命線が薄い場合には体力がないため病気にかかりやすく、いったん調子をくずすと長引く傾向があるでしょう。

　金星丘の親指の付け根あたり全体がふくらんでハリがあると生命力にあふれ、エネルギーが満ちていて健康も良好、へこんでいると生命力が弱っていて、エネルギー不足です。

　女性の場合は、小指の長さで腰や子宮についてわかります。薬指の第１関節に小指が届かず短い場合は、子宮にトラブルを抱えやすかったりします。

バイタリティや精力の旺盛さがわかります。

手けい線（手首の太い線）

カーブが小さい

虚弱体質

始点からのカーブが小さく、手けい線に向かって生命線が垂直気味に落ちている人は、体が弱いので健康管理が大切。一度体調を崩すと運気を下げかねません。無理をしないようなスケジュール管理や、食事内容に気を配れば物事は順調に進むでしょう。

幸せに導くアドバイス

いやなことはいやとすぐに諦めてしまわずに、まずは自分のできそうなことからはじめてみましょう。自分ひとりでがんばらずに周囲を頼って助けてもらうのもひとつの手です。

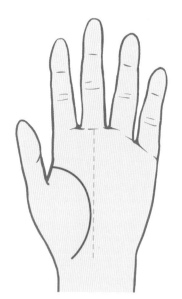

適度なカーブ

心身安定タイプ

カーブの頂点が、中指の下までの範囲で適度に曲線を描いているのは、エネルギーのバランスがよいことをあらわしています。気持ちが落ち着いているので、心身の乱れが少ないはず。ダメージ修復能力が高いのでいつも明るく、元気でいることができます。

幸せに導くアドバイス

バランス感覚にすぐれ、自分がいまどうすべきなのかがしっかりとわかっています。人より自分の直感のほうがはるかに正しく、よい方向にいきます。即断即決でOKです。

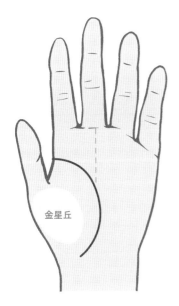

金星丘

カーブが大きい
エネルギッシュ

カーブの頂点が、中指の下までの範囲をこえる曲線を描いている人は、上昇志向でエネルギッシュ。精力旺盛で疲れ知らずのため、気づくと周囲が疲れていることも。金星丘のふくらみが大きいと、よりその傾向が強いので、自制する技を身につけることも大切です。

Advice
幸せに導くアドバイス

これまで、何事もパワーで解決できたのかもしれませんね。体力は落ちるもの。過信しないことが大切です。無理せず、自分の体のメンテナンスをしっかり行いましょう。

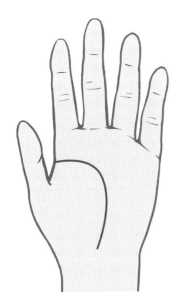

上方のカーブが大きい
思いついたら即行動

生命線の上のほうのカーブが大きいと、じっとしていられない性質。考えるより先に行動するため、まわりとうまく折り合いがつかないことも。自分の力を信じるあまり、できるだろうと気持ちが先走り、行動がついていかないことがあります。

Advice
幸せに導くアドバイス

やりたいことがあるのはいいことです。ただ、体力には限界があり、また、疲れると注意力が散漫になって思わぬ事故やケガを招くことも。休む時間もつくるように心がけて。

生命線 **支線**でみる トラブルの前ぶれがわかります。

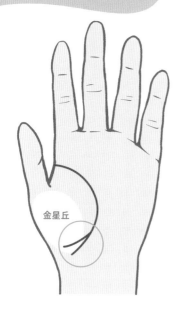

金星丘

支線が金星丘に食い込んでいる
エネルギーが過剰

わかれた支線が1本、金星丘に向かって食い込んでいる人は、バイタリティにあふれています。ただ、やる気も体力も過剰になりがち。生命線と支線の両方が太くはっきりしている場合は、自宅と仕事場、自宅と別宅のように拠点を2か所もつことが多いようです。

Advice
幸せに導くアドバイス

疲れ知らずのあなたですが、まずはちょっと立ち止まり、自分自身を愛して幸せにしてあげてください。そうすればあなたのまわりにいる人たちも一緒に幸せを味わうことができます。

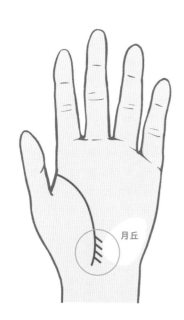

月丘

複数の支線が月丘に流れている
体力・気力が減退

生命線の本線は親指側に流れ、支線が何本も月丘側に出ているのは、体力気力の減退をあらわしています。ホルモンバランスが乱れて、精神的にも不安定。恋愛感情にも消極的になっていそう。食習慣を見直し、規則正しい生活を送るように心がけましょう。

Advice
幸せに導くアドバイス

疲れたら、人と無理に会うのはストップ。読書や音楽を聞いて、ゆっくり休みましょう。食事をしっかりとり、体力がアップすれば、考えかたも前向きになるので焦らずに。

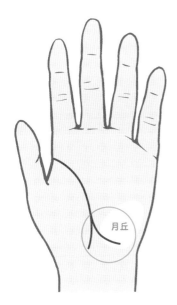

支線が月丘に流れている

住まいを離れるか過労の暗示

本線と支線がはやめに分岐して、大きく開いている場合は、変化を好む性質をもっています。親もとや故郷から離れて暮らすでしょう。本線と支線が最後のほうに分岐して、小さく開いている場合は、過労で体力が減退するきざしです。とくに晩年に注意が必要です。

Advice

幸せに導くアドバイス

新しい環境に適応する能力があります。興味がある人と積極的に交流を。目立たないようにするとあなたのよさが出ないので、髪形やメイク、ファッションは華やかに。

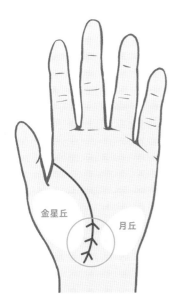

支線が金星丘と月丘に流れている

体調を崩しがちに

生命線の終わり部分で、左右に支線が出ている場合、体力のなさがウィークポイントになりがちなことをあらわしています。心身ともに弱っているので、物事に対して弱気になっていませんか。まずは、悪循環を防ぐため、体力をつけるように心がけましょう。

Advice

幸せに導くアドバイス

順調であることが心を強くし、運気もアップします。不調のときは、朝日をあびて朝の空気をたくさん吸い、自身のエネルギーを整えるとよいでしょう。

生命線　**切れ目**でみる　健康や人生の転機がわかりす。

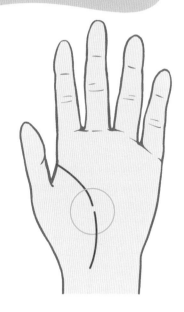

途中で切れている
重大なできごとが起こる

まずは途切れている部分が、人生のいつごろなのかを流年法（→ p.98）で確認しましょう。途切れている時期に、病気や事故など重大なできごとが起こることをあらわしています。その時期には健康や身のまわりに注意するなどの対策を講じましょう。

Advice
幸せに導くアドバイス
身に危険が迫っていると、ものが割れたり壊れたりなどの予兆があります。もしこのようなことがあったら、病院に検診にいったり、危ない趣味は控えるなど気をつけましょう。

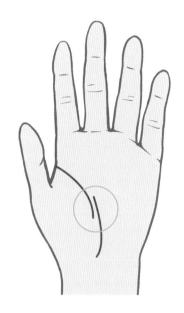

下の切れ目が外側になる
環境の変化が起こる

途切れている時期を流年法（→ p.98）で確認して。その時期に転職や転居など大きな環境の変化が起こり、目にみえない力のサポートを受けることをあらわしています。勢いがあるので、心配せずに思いきってチャレンジを。ただし空回りに注意！

Advice
幸せに導くアドバイス
自分がピンチのときにサポートしてもらえるよう、いまからよい人間関係を築いておきましょう。人が困っているときに相談にのり、自分のできることをするように心がけて。

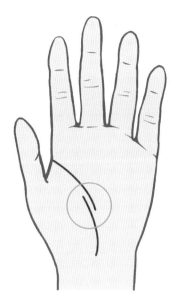

上の切れ目が外側になる

大きな転機がある

このタイプの途切れかたの場合は、生命線が途切れている時期に、大きな変化が起きることをあらわしています。流年法（→ p.98）で確認を。程度の差はありますが、生活の変化や健康上のトラブルなど、さまざまなことが考えられます。とくに健康には気をつけて。

Advice

幸せに導くアドバイス

急な変化の多い人生です。人とぶつかった場合は、自分と人の常識は違うことを認識して。相手を受け入れつつ、余計な気づかいをするのをやめると、運が乱れないでしょう。

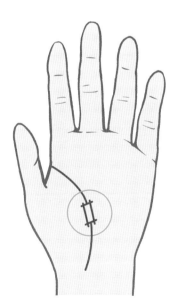

切れ目に四角形がある

危険から守られる

生命線が途切れて四角形がある場合、本来は線が途切れた年に受けるはずの危険を、先祖が守ってくれたことによって回避できたことをあらわしています。先祖とまわりの人に感謝する気持ちを忘れずに。もし過信したり感謝を忘れると、この四角形は消えてしまいます。

Advice

幸せに導くアドバイス

なにかをしてもらったら、感謝の気持ちを伝えて。口ぐせになるくらい、笑顔でお礼の言葉を練習しましょう。自然と言葉が出てくるようになります。

生命線 **その他**でみる　弱点や転機などさまざまな意味があります。

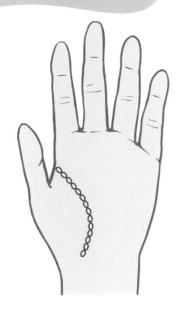

線が鎖状になっている

物事が続かない

生命線が1本のはっきりした線ではなく、鎖が連なるような線を描いている場合は、生まれつき体力がなく、少しのダメージが体に大きな影響を与えます。ふんばりがきかないので、物事が続きにくいかも。大病を患う可能性もあるので無理は禁物です。

幸せに導くアドバイス

疲れやすく、周囲とペースが違うのでストレスを抱えやすい性質。自分のペースをしっかりと守って。自分なりに進めていけば、物事を長続きさせられるでしょう。

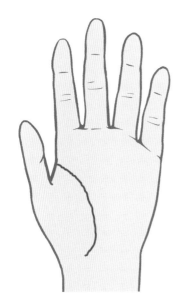

線が波打っている

苦労の多い人生

　生命線がスッとまっすぐではなく、くねくねと波を打ったようにのびている場合は、苦労の多い人生をあらわしています。根本的な原因は、気の弱さ。しっかりとした意見をいえない、人に左右される、だまされるなど苦労しないよう、自分に自信をもちましょう。

幸せに導くアドバイス

いやな人からは逃げましょう。どうしてもその場にいなくてはいけないときは、できるだけ自分の気配を消したり、相手の気を自分に入れないようにするとよいでしょう。

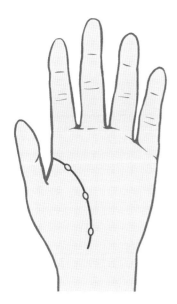

線上に「島」がある

体調不良に注意

生命線上に、楕円または円形の「島」がある場合は、体調不調をあらわしています。島の場所が線の上部にあると呼吸器系、線の中部だと消火器系、線の下部だと下半身の臓器、線の始点に島が多いと成人前に体が弱い傾向があります。

Advice

幸せに導くアドバイス

ストレスを最小限にするよう、環境改善を。思いきって引っ越したり、転職するのもひとつの手です。とくに音に関するストレスがないよう改善すると、精神的に安定しますよ。

「島」がある場所に気をつけましょう

　生命線の上部に島がある人は、体の上部にある肺や気管支など呼吸器系の問題が起きやすくなり、ぜんそくなどの持病があることも。

　中部に島がある人は、胃など消化器系が弱く、中年以降にポリープや腫瘍（しゅよう）ができやすいので注意を。

　下部に島がある人は、下半身の臓器が弱く、肝臓、腎臓、ぼうこう、生殖器にトラブルが出やすく、腫瘍もできやすくなります。また、循環器系にも注意が必要です。

　島は多くの場合、精神的なストレスから形成され、環境によって肉体が弱っているサインです。

　肉体と精神は密接につながっています。強い心をもてるように、精神の「器」である肉体をきたえておくとよいでしょう。また、島があることで、前もって自分のウィークポイントを知らせてくれているともいえます。定期的に検診にいくなどケアを行いましょう。

知能線をみてみましょう

手のまんなかを横切る知能線は、
人生をどのようにコントロールしていくのかがわかる線です。
思考や考えかた、適職や才能、仕事の能力などをみます。

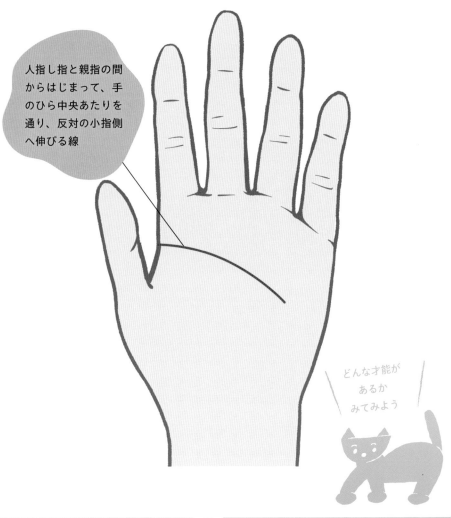

人指し指と親指の間からはじまって、手のひら中央あたりを通り、反対の小指側へ伸びる線

どんな才能があるかみてみよう

知能線では、その人の性質がわかります

　知能線にはその人の思考の形があらわれます。物事を直感的に決めるタイプか、逆にじっくりひとつのことを深く考えて決めるタイプか。また、考えたことを実行に移すまでのスピードが速いか遅いかもわかります。知能線の形状からは、現実主義かクリエイティブかどうか、文系なのか理系なのかなど、どのような才能をもっていいるのかがわかります。

　もし早い段階で自分の才能がわかっていれば、職業を選ぶときの参考にできますし、才能を開花させる努力をすることができます。

　知能線は先がふたつにわかれていたり、線が２本あることもありますが、その場合には両面の才能に恵まれていることを示しています。

　脳になんらかの問題が生じているときには、知能線も「島」をたくさんつくったり薄くなったりして知らせてくれます。

知能線をみるときは

才能をつかさどる生命線を、始点、長さ＆ライン、支点、その他の部分からみていきましょう。

みるところ	わかること	ページ数
始点をみる	行動パターン	p.70
長さ＆ラインをみる	行動や思考のタイプ、性格	p.72
終点をみる	特性、適職	p.74

みるところ	わかること	ページ数
支点をみる	直感力の強さ	p.78
その他をみる	病気や事故などの暗示	p.82

知能線がわからないときは

知能線は短かったり長かったり、ときに手のひらのまんなかからスタートしたりと、少しわかりにくいこともあります。まず生命線を確認しましょう。そのすぐ隣から、小指の方向に出ている、中央を横切るような線が知能線です。

　生命線からの距離で行動パターンがわかります。

生命線と同じ位置からはじまる
慎重なタイプ

冷静で慎重。失敗が少ない常識派です。しっかり社会生活を営んでいくことができる反面、慎重すぎて冒険できないタイプです。思いきってチャレンジするべきときには、勇気をもって一歩踏み出しましょう。失敗も人生のこやしになってくれることを忘れないで。

Advice

幸せに導くアドバイス

目の前のチャンスを逃さないよう、自分よりも大胆な決断をする友だちをもってみては。迷ったときには、その友だちだったらどう行動するのかを想像してみるとよい答えが出るでしょう。

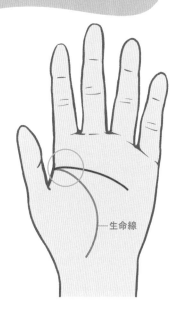

―生命線

生命線と1㎝以上重なる
消極的なタイプ

知能線の始点が、生命線と1㎝以上重なってからわかれる場合は、人を頼りにすることが多そう。気持ちが優しい反面、優柔不断なところがあり、ひとりで決断できないところがあるので、自立心を鍛えることが大切です。控えめな性格が裏目に出ないように気をつけて。

Advice

幸せに導くアドバイス

すべて完全に計画を立てていなくても、だいたいの見通しがついたら動いてみて。そうしながら、次の展開を考えるといいでしょう。「思い立ったが吉日」という気持ちで。

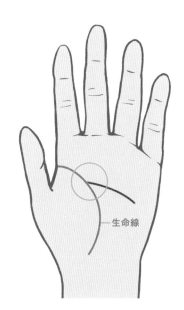

―生命線

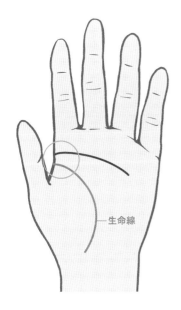

生命線と離れた位置からはじまる

積極性なタイプ

知能線と生命線の始点は離れているけど、1cm以内なら大胆なタイプ。対極的に物事をとらえることができ、自己アピール力や積極性があります。1cm以上離れているなら、刺激と変化を楽しむタイプ。腰を落ちつけて行動することを覚えると〇。

生命線

Advice

幸せに導くアドバイス

飽きっぽい自分の性格をよく理解し、常に変化のある生活ができるように、専門技術を学んで手に職をつけるとよいでしょう。人生は常に勉強。いつからでもスタートできるのです。

手のひらの途中からはじまる

どっちもタイプ

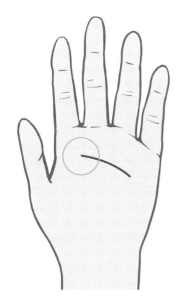

知能線の始点が、手のひらの途中にある人は、慎重さと大胆さの両方をもち合わせています。極端な部分が目立ち、周囲をとまどわせることもあります。しかし、悪気はないのでそれを理解してくれる人とつき合うと、ストレスなく自分の活躍できる場所を得ることができます。

幸せに導くアドバイス

慎重になりすぎているときは、まずは信頼できる人とかかわり安心感をもつとよいでしょう。友人が救いとなるので、自分をいつも明るく整え、よい友だちづくりを。

行動のタイプと思考や性格がわかります。

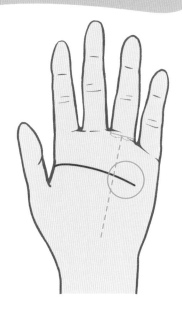

薬指より長い

行動前に熟考

薬指の幅のまんなかから垂直に線を下ろしたとき、そこよりも知能線が長い場合は、行動に移すまでよく考える思慮深さをもっている、熟慮タイプ。周囲への説明も明瞭なので人から信頼されます。考えすぎて機を逃さないように注意しましょう。

Advice

幸せに導くアドバイス

頭がよい人です。そのため知識に頼りすぎる傾向も。実際の生活ではなかなか当てはまらないことが多いものです。もう少し自分の直感を信じてみて。よい成果が出せます。

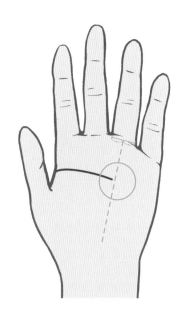

薬指より短い

思い立ったら吉日

薬指の幅のまんなかから垂直に線を下ろし、そのラインよりも知能線が短い場合は、思い立ったらすぐに行動に移す、スピードタイプ。インスピレーションを大事にするのは長所ですが、気が短いところがあるので、結果を急がずプロセスには時間をかけましょう。

Advice

幸せに導くアドバイス

人を引きつける魅力とパワーがあり、ひらめきが抜群です。ただ準備不足で行動してしまいやすいので、チャンスがきたときに100%の力が発揮できるよう、準備は万端に。

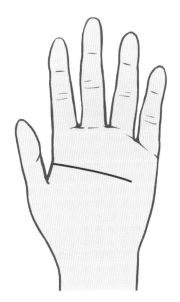

ラインがまっすぐ
ロジカル理系

　数字に強いロジック型。効率的でむだがない行動を好み、裏表のないストレートな性格です。物事を白黒はっきりつけたい性格ですが、ときと場合によってはグレーがよいこともあります。言葉づかいを、意識してやわらかくするとよいでしょう。

Advice　幸せに導くアドバイス

迷いがなく、正直ではっきりとしているのはすてきなこと。一方で人に誤解されることもあります。言葉は一度口にしたらとり返しがつきません。相手を思いやって発言を。

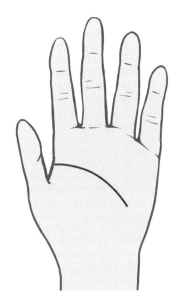

カーブを描くライン
情緒的文系

　ラインがまっすぐな人に比べて、表現がやわらかく人あたりもよいため、周囲に安心感を与えます。物事の効率やスピードよりも、人の心情やプロセスに重きを置くタイプ。相手の様子をみながら会話を進めることができるので、よく相談事を打ち明けられます。

Advice　幸せに導くアドバイス

表現力にすぐれ、コミュニケーションをとるのがじょうずです。人気があり友だちもたくさんできますが、大勢で会うよりも個別で交際するほうが向いています。

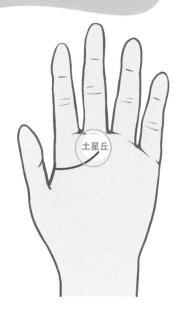

土星丘に流れる

ご利益主義

よくばりタイプで、あれもこれも欲しがります。自分の欲を満たすために必要以上にスピリチュアルなものや自己啓発セミナーにのめり込むような一面も。それをうまく活用して、占い師やカウンセラーなど、人の心理に関する仕事が向いているともいえます。

Advice

幸せに導くアドバイス

あれこれと奇跡を探し求めなくても、自分がいまここにいるということが奇跡だと気づいて。あなた自身が、強いパワーのもち主。自分の内なる神様を信じましょう。

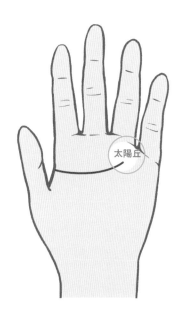

太陽丘に流れる

審美眼と商才をもつ

感性が鋭く、芸術や芸能を見極めるセンスのもち主。時代の流れを読んで、なにが人々に受け入れられるのかを見抜くことができます。ビジネスのセンスもあるので、芸能界のほか美容や美術業界、服飾、宝飾系など活躍できる場所はたくさんあります。

Advice

幸せに導くアドバイス

成功する運命ですが、ともなう苦労は大変なはず。それを人に話しても理解されにくく、らくに生きていると思われるかも。自分で自分を甘やかし、癒す方法を考えましょう。

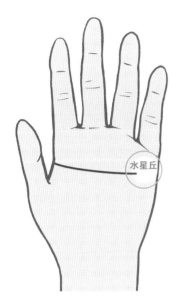

水星丘

水星丘に流れる

頭がよく、企画力が抜群

自分は決して前へ出ることがないながら、人の才能をみいだしてサポートしたり、物事をまとめて進めていくプロデュース力をもっています。観察力、洞察力、企画力にすぐれているので、プロデューサーをはじめとして、企業なら販売促進や企画開発などにも向いています。

Advice

幸せに導くアドバイス

インスピレーションがわき、アイデアが豊富なので、頭に浮かんだらすぐにメモをする習慣をつけましょう。タイミングを大切にして、人生にいかしてください。

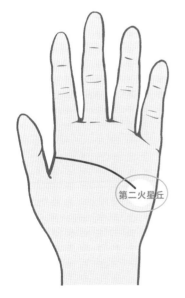

第二火星丘

第二火星丘に流れる

数字に強いリアリスト

現状を数字で把握して分析する能力が高く、先を見通す力もあります。金融や保険関係はもちろん、大きなお金も動かすことができるので優秀な営業職や経営者に向いています。プログラマー、データサイエンスやAIなど最先端の分野にも挑戦できるでしょう。

Advice

幸せに導くアドバイス

現実的になりすぎ、自分の得だけを考えると、発展性がありません。人から受けた善意に対して倍以上のお返しをするくらい、感謝の心がけをもっているとうまくいきます。

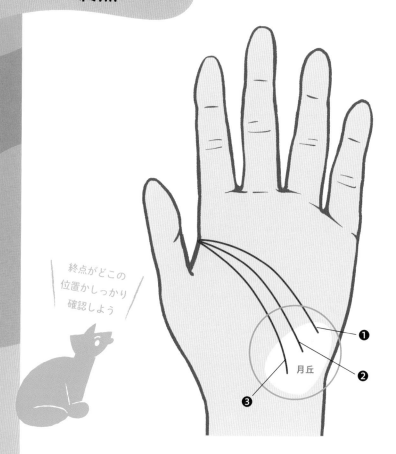

終点がどこの
位置かしっかり
確認しよう

①

②

月丘

③

月丘上部に流れる ❶

リーダーシップを発揮

現実的な事務・情報処理能力と創造力のバランスがよ
く、広い視野をもっているリーダータイプです。社会
的な話題に関心があり、行動力もあります。仕事なら
人を導く教育者、政治家、企業ならプロジェクトリー
ダー、マネージャー、チーム長などに向いています。

Advice
幸せに導くアドバイス

さまざまなシチュエーションで
トップに立ちます。その立場を
維持するために会話にはじゅう
ぶん気をつけましょう。とくに、
そこにいない第三者の話を極力
しないようにして、トラブルを
回避しましょう。

月丘中部に流れる❷

創造性で人を喜ばせる

人を喜ばせることに生きがいを感じるタイプです。考えかたが柔軟で、人の意見や事例を取り入れて創造性を発揮できます。仕事ではイベントや開発系、広告宣伝、飲食なら店舗プロデュースや創作料理の発案など、提案型の分野で才能を開花させることができます。

Advice

幸せに導くアドバイス

自分の思っていることを形にできる方法を身につけましょう。話すことでも、絵を描くことでもOK。発信のしかたさえ習得すれば、世界が広がり収入も上がります。

月丘下部に流れる❸

感受性が強く繊細

スピリチュアルな世界にひかれ、物やお金よりも心の豊かさを追求するタイプ。知能線が、月丘の下のほうで終わっていると感受性が強い人。心がやさしく繊細。なかなか社会になじめない面もあります。本好きが多く、翻訳や本に関係する仕事に向いています。

Advice

幸せに導くアドバイス

勘の強いタイプ。体調をベストに保って、よくない波長をキャッチしないように心がけましょう。健康管理に気をつけて、ポジティブ思考の人たちとつき合うのがおすすめ。

線の終点がどの丘なのかによって、能力がわかります

　手相は基本的に、すべて「どの丘からはじまってどの丘で終わっているのか」で意味が決まります。

　知能線はとくに、丘の終点で才能などを詳しくみるため、丘のもつ意味と解釈が重要になります。線の先がどこの丘に伸びているかで、その人がどのような能力にすぐれているのかをみることができるのですね。各丘にはいろいろな意味合いがありますから、まずは丘の意味をよく理解しましょう。

　線が終わっている丘にハリとふくらみがあり、肉付きがよいと、その線の意味がより強いものになります。

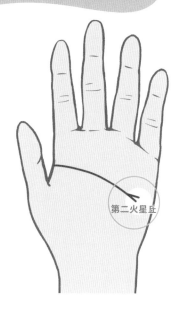

第二火星丘でふたつにわかれる

起業家タイプ

知能線が第二火星丘に流れ、終点の手前でわかれている場合、直感力がとても強く、先見の明のある人です。次にどのようなことが起こるのか、どうすることが成功につながるのかなどのビジョンがはっきりみえています。ビジネスセンスが抜群といえるでしょう。

Advice

幸せに導くアドバイス

自分になんらかのメリットをもたらしてくれる人となかよくなりましょう。完ぺきな人ではなくても、自分にないものを補ってくれるような、プラス面をもった人とつき合いましょう。

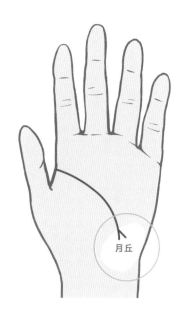

月丘中部でふたつにわかれる

流行に敏感タイプ

知能線が月丘エリアの中部に流れ、終点の手前で小さくわかれている場合、流行に敏感で、時代の空気を読み、すぐに自分に取り入れることができる人です。文学・芸術方面で才能をいかすことができますが、飽きっぽいところもあるので注意しましょう。

Advice

幸せに導くアドバイス

感性を磨くため本物をみるようにしましょう。真贋を見極める目をもち、物を買うときはできるだけ本物を買うようにすることが、開運につながります。

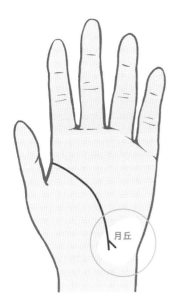

月丘下部でふたつにわかれる

表現者の才能あり

知能線が月丘エリアの下部に流れ、終点の手前で小さくわかれている場合、感性と表現力が豊かで、音楽や美術にふれていると安らぎを感じる人です。鑑賞するだけではなく、表現者として本格的に勉強すれば、才能が開花する可能性をもっています。

Advice

幸せに導くアドバイス

流行を見極める目をもっているので、ふだんから美術館や博物館に行くなど、感性を磨いて。たくさんのものを読んだり聞いたりすることで、人生が豊かになります。

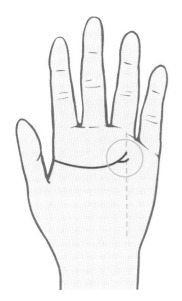

薬指の下でふたつにわかれる

超インスピレーション型

知能線が小指側へ向かって流れ、薬指の下でふたつにわかれ、しかも曲線を描いている人は、非常に特殊なパターンです。いわゆる第六感が発達している、超インスピレーション型。人が感じないものを感じ、信じていく人生になるでしょう。

Advice

幸せに導くアドバイス

物にフォーカスしすぎず、全体をとらえるようにすると、エネルギーもみる力が養われます。ありのままにみることができると、いつもよい波動を保つことができますよ。

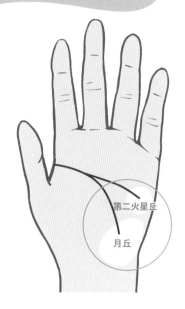

第二火星丘

月丘

第二火星丘と月丘にわかれる
夢の世界の住人

知能線が途中でふたつにわかれ、1本が第二火星丘へ、もう1本が月丘に流れている場合、夢想家であることをあらわしています。空想することが好きで、どこか地に足がつかず、フワフワと夢見心地です。自分のことをふかんで見て、理解するとよいでしょう。

Advice

幸せに導くアドバイス

マインドコントロールされやすいところがあります。心のよりどころを求めてさまよいがちですが、自分を助けられるのは自分だけ。自分を愛し、磨き、自身と対話をしましょう。

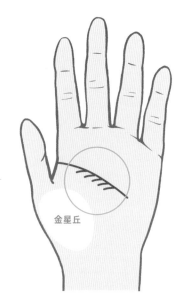

金星丘

金星丘に向かって細かくわかれる
自分を貫く

知能線から金星丘に向かって細かい支線が複数出ている場合、自我が強いことをあらわしています。自分の意見をしっかりともっていて、しかもそれが正しいと自信があります。批判しないように、相手のいいぶんにも聞く耳をもつ、柔軟性を身につけましょう。

Advice

幸せに導くアドバイス

自分の意見を貫くのはよいことですが、それほど意味がないときもあります。ここぞというときにだけ、その強さを発揮させるとよいでしょう。

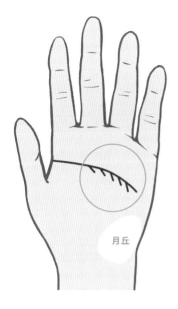

月丘

月丘に向かって細かくわかれる
ポジティブ思考

知能線から月丘に向かって細かい支線が複数出ている場合、明朗快活な性格で人気者。好奇心旺盛な性格をあらわしています。クヨクヨするネガティブな面が少ないので、よい仕事、よい友だちが集まり、好循環に恵まれます。感謝の気持ちを忘れずに。

Advice

幸せに導くアドバイス

天性の明るさのもち主。周囲を元気にするパワーがあるので、力のある人たちがいつでもあなたをサポートします。目標をできるだけ高くし、社会のために活躍してください。

感情線をみて自分の気持ちを
コントロールしましょう

　横3大線の3つの線は、手の下のほうから、生命線、知能線、感情線の順になっています。つまり、いちばん低いところから少しずつ上にいくにつれて、自分の外側から内側のことをあらわしているのです。このことから、感情が自分を包んでいるともいえます。

　知能よりも感情のほうが、生きるためにはずっと大切です（感情線→ p.84）。たとえばなにかの転機やトラブルが起きたとき。感情によって判断が決まり、人生が決まります。自分の感情線をよく理解し、自分はどのようなタイプかを客観的にみて、常に冷静な判断ができるようにしておけば、最大限によい人生を歩むことができますね。

　感情線は、たんに恋愛をみるのではなく、どのような感情パターンで動くかがわかるので、よりよい人生を歩む大きな助けとなります。つき合う人の感情線もみておくと行動が理解でき、誤解も少なくなるでしょう。

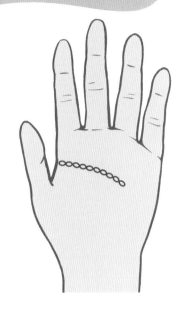

線が鎖状になっている

精神的不安定を示唆

知能線が1本のはっきりした線ではなく、鎖が連なるようになっている場合は、精神の不安定さをあらわしています。不安を抱えがちなので、疲れやすいのではありませんか。周囲が気になり引きこもりがちにならないように、まずはゆったりとした気持ちをもって。

Advice

幸せに導くアドバイス

できるだけストレスがかからない環境に自分の身を置くようにするのがおすすめ。学校や職場の人間関係が合わないときには、逆らわずにかえてしまいましょう。

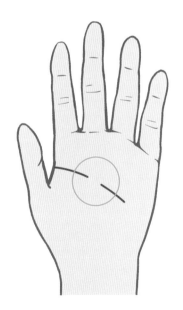

線に切れ目がある

頭痛や事故に注意

知能線が途中で途切れている場合、頭部にトラブルが起きる可能性があります。頭痛のほか、物にぶつかるなどの事故にも気をつけましょう。切れ目が1か所以上あると、かなりの頭痛もち。医療機関にかかるなどがまんしないことです。

Advice

幸せに導くアドバイス

事故や病気など、なにか自分の身に起こる前には前兆があります。急いでいると見逃してしまうので、なにごともゆっくりと余裕をもって行動し、サインに敏感でいましょう。

線上に「島」がある

頭部にトラブル

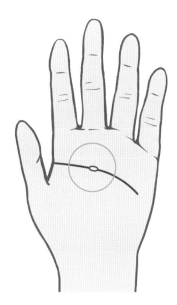

生命線上に、楕円または円形の「島」がある場合は、顔を含めた頭部にトラブルが起きるサイン。ストレス過剰になると、脳内で分ぴつされるホルモンのバランスが崩れたり、顔面神経痛などの症状になってあらわれることも。なんでもひとりで抱え込まないようにしましょう。

Advice

幸せに導くアドバイス

頭を守るため、外出時にはできるだけ帽子をかぶることをおすすめします。自分のエネルギーの放出をおさえたり、よくないエネルギーの侵入を防ぐことができますよ。

自分の手を好きになることは
よりよい人生をつくります

　人生に満足している人は、手をよく使い、手から多くの愛を発信し、自分にもまわりの人にもたくさんの愛を与えています。

　愛のエネルギーというのは、宇宙の大生命からやってくるものであり、自分に注がれ、それがあなたの手を通して、だれかに伝えられていくのです。

　おいしい料理をつくったり、手紙を書いたり、パソコンでメールを打ったり、そうじをしたり。手から生み出されるものは、だれかに大きな愛のエネルギーを与えて、だれかの生命を輝かせています。

　あなたの手はすてきなエネルギーをもっているのです。自分の手のすばらしさを知って好きになることは、よりよい人生をつくることにつながります。

横三大線

感情線をみてみましょう

どんな性格なのかがわかる線です。恋愛をしていたり、
強い感情をもっているときは、線が浮き上がります。
愛情、感情パターン、対人関係をあらわします。

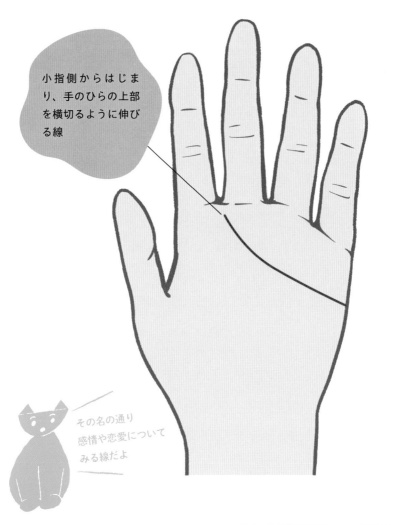

小指側からはじまり、手のひらの上部を横切るように伸びる線

その名の通り
感情や恋愛について
みる線だよ

感情線では、感情表現のパターンや恋愛についてわかります

感情線はその人の感情の形があらわれます。感情の起伏が激しい、穏やか、クールなど根本的にどのような感情をもち、どのように表現するのかを示しています。

線が流れ込む場所によって、感情のコントロールのしかたがわかり、対人関係における注意点も知ることができます。

感情といちばん密接に関係する恋愛についてもあらわれます。献身的に尽くすタイプか、独占欲が強いタイプかなど、その人の恋愛パターンは、相手が違ってもほとんど変わりません。

感情線は複数あることもあり、その場合は愛情のかけかたがより深い、ひとりで満足できず浮気が多い、恋愛関係で問題を起こしやすいなど、特徴的な性質をあらわしています。

感情線をみるときは

恋愛と感情表現がわかる感情線を、ライン、終点、先端、その他の部分からみていきましょう。

みるところ	わかること	ページ数
ラインをみる	感情表現のパターン	p.86
終点をみる	恋愛表現のパターン	p.88
先端をみる	基本の性格と恋愛の傾向	p.92
その他をみる	性格や恋愛の傾向	p.96

感情線がわからないときは

感情線は小指側から人さし指、または中指、薬指方向に伸びる、手のひらの高い位置を横に走る線です。比較的濃くはっきりと出ているのでわかりやすいでしょう。1本だけではない場合もよくあり、短めに2本以上出ていることもあります。感情線が複雑だと、それだけ内面も複雑ということになります。

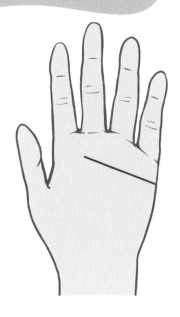

乱れることなく直線的

直球ストレート

線があらわす通り、思ったことをそのままストレートに表現します。正直で裏がなく、悪気も自覚もない直球派。この線の場合、恋愛に関してよいムードづくりが苦手。大切なタイミングをのがさないように気をつけましょう。

Advice

幸せに導くアドバイス

思ったことをあまりにストレートにいうので、誤解されることもあります。相手に自分の言葉がどう伝わっているかを配慮しながら、やわらかく話すようにするとよいでしょう。

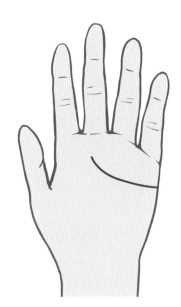

ゆるやかなカーブを描く

おだやかでソフト

中指に向かってゆるやかなカーブを描いている場合は、感情表現もやさしくソフト。相手を思いやる配慮があり、自分のマイナス感情はしまっておくタイプ。人あたりがよいのでトラブルはありませんが、自分の意思を明確に伝えたほうがよいときも。

Advice

幸せに導くアドバイス

おだやかなタイプなので、好みでない人も近寄ってきます。とくに恋愛関係においては、いやな人からアプローチされたら、つき合っている人がいるなど、はっきり断りましょう。

途中から曲がっている
表現に落差あり

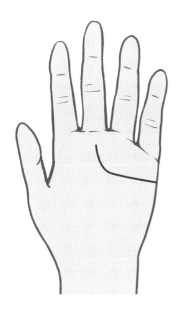

まっすぐに伸びる感情線が、途中から上に向かってカーブしている場合は、感情表現がストレートな面とソフトな面の両方をもっています。強い人かと思えば繊細な部分もあるため、魅力的なぶん、戸惑わせてしまうことも。客観的になって感情のコントロールを。

Advice

幸せに導くアドバイス

気分の変化をあまりあらわにしすぎると、自分にとってもよくありません。負の感情が芽生えたときも、顔は笑顔をキープ。自然と気分もよくなっていきますよ。

線がくねくねしている
恋愛が大好き

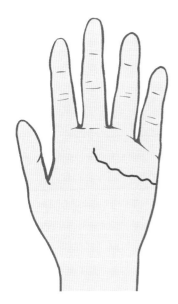

感情線がくねくねと蛇行している人は、恋愛至上主義。だれにでもよいことをいって気をもたせ、恋愛の世界にいることが大好き。ひとりの相手とじっくり話し合ったり、向き合うことがないため、恋愛関係が長続きしない傾向があります。

幸せに導くアドバイス

恋多き人なのは性分なのでしかたありません。ですから、相手を傷つけないように慎重に行動を。ひとりの人とじっくりつき合えるようになると、運気もアップします。

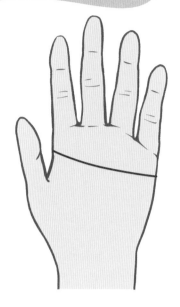

手のひらを横切る
ジェラシータイプ

人さし指の付け根をこえて伸び、手のひらを横切るように終わっている人は、独占欲が強いタイプ。すぐに嫉妬や疑いの気持ちに占領されてしまいがち。楽しい恋ができるように、ふたりの時間に集中して、旅行やショッピングなど計画を立ててみましょう。

Advice

幸せに導くアドバイス

嫉妬してしまうのは相手を本当に信頼していないからかも。同時に、自分のことも信じられていないのでは。まずは自分を好きになれるように、日々を充実させましょう。

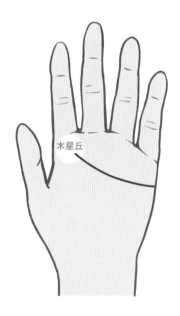

木星丘

木星丘に流れる
プライドが高い

終点が木星丘まで到達している人は、まじめで堅実。プライドの高さから、社会的地位の高い人とつき合うことを好みます。「この人は OK」と一度認めれば、じっくりと関係性を築き、努力して長くつき合うことができます。

Advice

幸せに導くアドバイス

対人関係がなかなか広がらないところがあります。つまらないプライドなんて捨てて、世界を広げましょう。柔軟な心が新しいすてきな出会いをつくります。

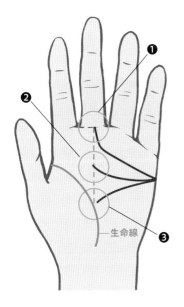

①

②

生命線

③

中指の付け根に流れる❶

熱しやすく冷めやすい

線が中指に向かい、終点が中指の付け根へと流れ込んでいる場合は、飽きっぽいタイプ。熱しやすく冷めやすい性格で、人間関係が浅くなってしまうことも。付き合いのある人はたくさんいるので、心から信頼できる友人や恋人ができるように努力しましょう。

Advice

幸せに導くアドバイス

人との関係を意識してゆっくりつくりましょう。本当に困ったときにサポートしてくれるような深い人間関係を構築するには、はじめからあまり距離を縮めすぎないのも大切。

中指の下に流れる❷

クールタイプ

終点が中指に到達せずに下のほうで終わっている人は、情緒的なことに流されない、クールな性格。自分の内なる世界にいることが好きで、ベタベタした関係は好みません。

Advice

幸せに導くアドバイス

心と体は別と割り切って、それほど好きでもない人と関係をもちがちです。しかし、年齢を重ね経験を積むにつれて魂が磨かれ、心から愛せる人との出会いがあるでしょう。

中指の下で生命線へ向かう❸

女王様タイプ

中指の下のほうで線がカーブし、終点が生命線に向かって流れている場合は、自己中心的でわがままな傾向があります。相手が妥協するまで、自分を通そうとします。

Advice

幸せに導くアドバイス

刺激を求めてばかりいると穏やかな生活ができなくなってしまいます。自分が弱ったときに助けてもらえる人間関係をつくっておきましょう。

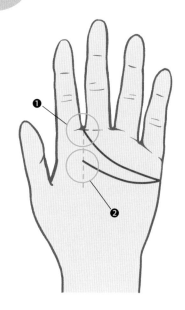

人さし指と中指の間❶
幸せな結婚を望む

終点が人さし指と中指の付け根の間まで流れている場合は「恋愛は結婚」と考え、まじめなつき合いかたをする人。ブレないので、結婚観が合わなければ別れて、次にまた合う人を探すことができます。相手に尽くして、ふたりでともに歩んでいくことを望みます。

Advice
幸せに導くアドバイス

人の好き嫌いがはっきりしています。嫌いな人もつき合っていくうちに、自分にとってとてもプラスになる、よい人になる場合もありますよ。縁のあった人とは、距離をとりながらでもつき合ってみましょう。

人差し指と中指の下❷
本当は情熱的

人さし指と中指の間、その下のほうで線が終わっている場合は、空回りタイプ。本当は情熱的な思いがあるのに、表面的にはクールに装ってしまうので、相手に気持ちがうまく伝わりません。勇気が出なくてチャンスを逃さないよう、素直になりましょう。

Advice
幸せに導くアドバイス

人の好き嫌いがはっきりしています。嫌いな人もつき合っていくうちに、自分にとってとてもプラスになる、よい人になる場合もありますよ。縁のあった人とは、距離をとりながらでもつき合ってみましょう。

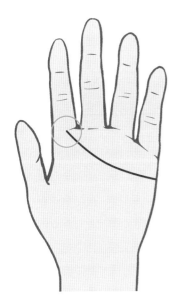

人さし指の付け根に流れる

あなたがすべて

終点が人さし指の付け根まで流れている場合は、恋は盲目タイプ。他人のことは冷静によく判断ができるのですが、自分のことになると話は別で、気持ちをコントロールできなくなることも。相手を信じすぎることも多いので、いったん立ち止まって考えてみましょう。

Advice

幸せに導くアドバイス

好きな人の意見にに左右されて迷ったら、まずは自分の軸をもつこと。自分で自分のことは満たせるよう仕事や趣味など打ち込めるものをみつけて。

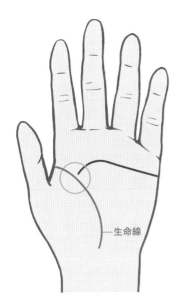

生命線

人さし指の下で生命線に向かう

困難な恋に燃える

人さし指の下で生命線に向かう感情線は、障害がエネルギーになるタイプ。不倫など困難があるほど、乗りこえようと燃え上がります。安定した関係にはあまり興味がなく、恋愛が成就したら冷めてしまうこともあります。

Advice

幸せに導くアドバイス

自分の気持ちと世のなかのルールとの間で悩むこともあるかもしれません。相手を傷つけると自分も傷つきます。自分を守るためにも、節度を守って行動しましょう。長くつき合える人に出会えると、運気がアップします。

基本の性格と恋愛の傾向がわかります。

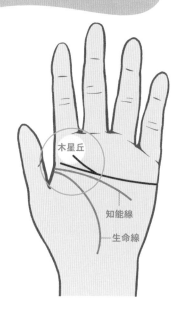

木星丘

知能線

生命線

木星丘と知能線（または生命線）の始点にわかれる

性格も恋愛も安定型

やさしく穏やかで、愛情深い性格です。相手も周囲の状況もよくみえていて、落ち着いた人間関係が長続きします。関係をていねいに築いていけるので、恋愛においても相手を思いやり、自分勝手なことを押しつけず、トラブルも少ないでしょう。

幸せに導くアドバイス

人間関係は、慣れて親しくなるほど、言葉が重要になります。いつも「ありがとう」「うれしい」と伝えましょう。相手にとって、あなたが喜ぶ姿がいちばんの喜びになります。

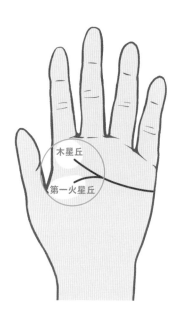

木星丘

第一火星丘

木星丘と第一火星丘にわかれる

あえて不安定が好き

熱しやすく冷めやすい性格です。同じ人に対し、気分によって接しかたが変わることも。恋愛においても、関係が安定すると物足りなく感じてしまい、自分から問題を引き起こしてしまうこともあります。いったん冷静になることが解決策です。

幸せに導くアドバイス

相手に関心がなくなったり、離れたくなったときに、急に態度を変えるとトラブルに。後味も悪くなります。すぐに関係を断ち切らずに、徐々に距離をおくようにしましょう。

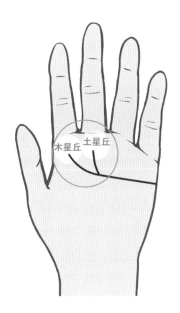

木星丘と土星丘にわかれる
スピリチュアル好き

とても珍しい相です。純粋な性格で、すなお。人に影響されやすい面もあります。よいことがあると神仏のおかげと信じて感謝します。恋愛においても、宗教的な価値観が合う人にひかれます。スピリチュアルなものに頼りすぎず、自分をしっかりもって。

Advice
幸せに導くアドバイス

人によってはスピリチュアルな存在やセミナーに依存してしまうことがあります。少しでも引っかかるところがあれば自分でよく調べて、継続するかを判断してください。

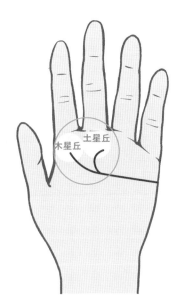

木星丘と土星丘にわかれる
欲望が大好き

感情線の先端が、木星丘と土星丘にわかれる人のなかでも、土星丘に向かう1本が釣り針のようにカーブしている場合は、目的達成のためには手段を選びません。自己中心的になって、まわりの人に被害がおよぶことも。三角関係や不倫など、困難な恋愛も選んでしまいます。

Advice
幸せに導くアドバイス

周囲の人が幸せになれば、自分自身も本当に幸せになることができます。出会った人たちも自分の一部と考えて対応すれば、真の幸せを手に入れることができます。

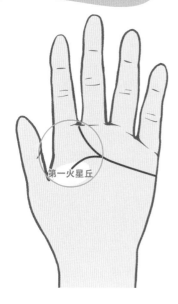

第一火星丘

第一火星丘と人さし指、中指の間へわかれる

コミュニケーション型

会話が得意で、人の話もよく聞くことができるので、対人関係はいつも良好です。聡明で、精神的なバランスを保つことも自然にできます。恋愛においても、紆余曲折を経ながらでも正しい選択ができるので、後悔することなく前へ進むことができます。

Advice

幸せに導くアドバイス

人が運を運んできてくれます。はじめて会った人にはその日のうちに自分からお礼の連絡を入れるようにしましょう。自分の連絡先もきちんと伝えて。

木星丘

木星丘でふたつにわかれる

信頼できるまじめ派

先端が木星丘に入ったところでふたつにわかれている場合は、まじめでちょっと頑固。正義感も強いので人から信頼されます。ときとして堅物（かたぶつ）と思われることもあるのでユーモアを大切にして、相手を楽しませるような気持ちの余裕をもちましょう。

幸せに導くアドバイス

しっかりしているので、人に頼らず自分ですべてを抱え込むところがあります。人生は年齢とともに悩みも増えます。自分の心を許せる人、頼れる人をつくっておくといいでしょう。

94

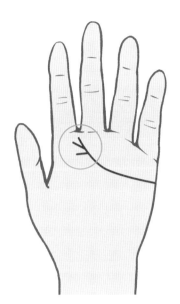

人さし指と中指の間で3つにわかれる

性的な魅力がある

感情線が人さし指と中指の間に向かって流れ、先端で3つにわかれている場合は、性的にも魅力的で恋愛じょうずな人です。相手を喜ばせるテクニックに長けていますが、浮気性というわけではなく、ひとりの人に尽くします。会話もうまいモテる人です。

Advice

幸せに導くアドバイス

魅力的であらゆるタイプから人気を集める性質。一歩家を出たら、みられているという意識をもって、背筋を伸ばし姿勢よく歩くようにすると、さらに好感度がアップします。

手相には、人生を乗りこえる
ヒントが詰まっています

日々はいいことばかりではなく、残念なできごともあります。それは自分自身の日ごろの行いや行動とは関係なく、運命として起こっていることです。大切なのは嘆くことではなく、乗り切りかたです。そこで人生がうまくいくかどうかが決まるのです。

手相にはピンチのときにどうすることがベストなのか、ヒントがたくさん詰まっています。大変なときこそ、自分の手をよくみつめてください。手から発せられる癒しのエネルギーで、気持ちが落ち着きます。

手相は、自分らしい生きかたを教えてくれるはず。あなたを応援するメッセージやヒントがありますよ。

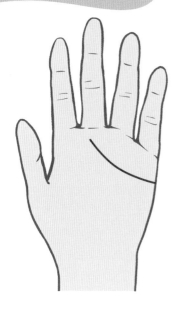

支線などがない

さっぱりした性格

感情線がまっすぐで支線が出ていない場合は、さっぱりとした性格です。ストレートで裏表がなく、細かいことを気にしないのは長所。反面、ストレートなものいいが悪気なく人を傷つけてしまうこともあるので、自分の性格をよく認識することがポイントです。

Advice

幸せに導くアドバイス

白黒をはっきりさせようと、強くいってしまうことはありませんか。相手をみてから自分の本音をいうようにしましょう。言葉をていねいに、やさしく使うように心がけて。

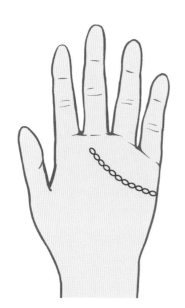

線が鎖状になっている

人に深入りしない

感情線が1本のはっきりした線ではなく、鎖が連なるような線を描いている場合は、他人に自分の本心を打ち明けないタイプ。人に深入りしたくないし、自分にも入り込んできてほしくない防御型です。人の欠点が目につきがちなときは、いい面もみるようにしましょう。

Advice

幸せに導くアドバイス

相手の立場になって考えると、答えが出やすくなります。時間に余裕をもって行動すると、心にもゆとりができ、人にやさしくなれますよ。

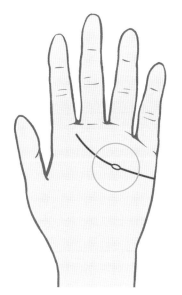

線上に「島」がある

恋愛で人生が変わる

感情線上に、楕円または円形の「島」がある場合は、恋愛関係が思うようにいかないことをあらわしています。現状を把握する力はもっているので、客観的な視点でいるように心がければ、冷静な判断ができます。

Advice
幸せに導くアドバイス

相手をよく知らないままおつき合いがスタートしやすいので、時間をかけましょう。相手を置き去りにして恋を進めようとせず、ふたりで向き合う恋愛をしましょう。

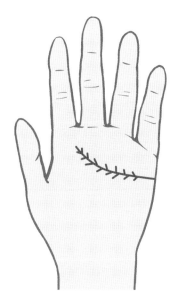

支線が多い

フェロモン発散タイプ

感情線から左右に支線が複数出て、線が乱れている場合は、感受性が豊か。性的魅力があるセクシーなタイプです。話すだけで色気が出るような、人をひきつける才能があります。ただ、本人は無意識。相手に感違いされるような言動には気をつけましょう。

Advice
幸せに導くアドバイス

本能のままに動いてしまうと本気の関係になることが難しくなりますし、続きません。話しかたも行動も、すべてゆっくりと進めると、自分の価値が上がります。

人生の転機がわかる

流年法

人生のどの時期になにが起こるのか、知ることができるのが「流年法」です。
生命線、運命線、結婚線でどのようにサインをみるか紹介します。

生命線の流年法

人生の総合的な流れをみる生命線（→ p.52）。
その線上にあらわれるサインで、それぞれ
の時期になにが起こるのかがわかります。

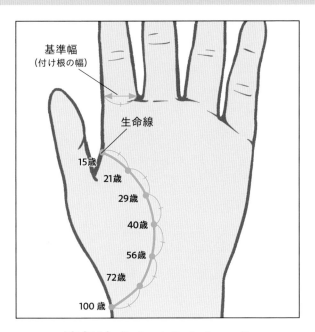

基準幅
（付け根の幅）

生命線

15歳
21歳
29歳
40歳
56歳
72歳
100歳

流年法をみてみましょう

　親指と人さし指の間の、線の始点を15歳とし、親指をぐるっと囲んで手首の側面ま
でを100歳と考えます。人差し指の付け根の幅を「基準幅」として、図のように年齢
を当てはめます。途中で生命線が途切れていたり短かったりしても、つながっていると
考えてみていきます。

一緒にその他の線を読み解きましょう

生命線の上にあらわれる支線やマークを、流年法と一緒にチェックすると、その年齢でなにが起こるのかをみることができます。例をみてみましょう。

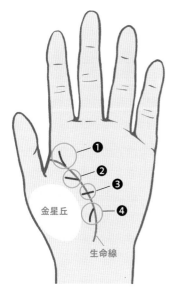

金星丘

生命線

たとえば 向上線がある ❶

→ がんばる時期がわかる

生命線から人さし指の方向に上向きに伸びる線を「向上線」(→ p.146) といいます。努力が必要な時期がわかります。

たとえば 影響線がある ❷

→ 結婚の時期がわかる

生命線の下、親指側に伸びる線は「影響線」(→ p.134) で、恋愛・結婚の暗示です。線が合流する地点が、結婚する時期となることがほとんどです。

たとえば 生命線を 横切る線がある ❸

→ 転機がわかる

生命線を横切る線は、「恋愛線」(→ p.136) か「障害線」(→ p.150) です。この時期に、なにかしらの転機があることがわかります。見わけかたは p.150 で詳しく紹介しています。

たとえば 金星丘に伸びる 影響線がある ❹

→ 忙しい時期がわかる

生命線からわかれて金星丘のほうに伸びる影響線があると、その分岐点から忙しくなるサインです。

運命線の流年法

充実した人生を送ることができるかをみる運命線（→ p.104）。その線上にあらわれるサインで、その時期になにが起こるのかがわかります。

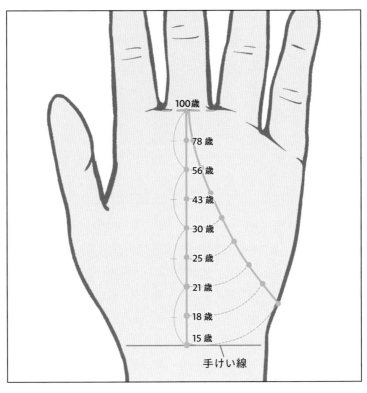

100歳

78 歳

56 歳

43 歳

30 歳

25 歳

21 歳

18 歳

15 歳

手けい線

流年法をみてみましょう

　手けい線（手首の線）をスタート地点の 15 歳とし、中指の付け根を 100 歳と考えます。その中間地点を 30 歳として、そこから手けい線までの中間地点を 21 歳、中指との中間点を 56 歳として図のように当てはめます。

　途中で運命線が途切れていたり短かったりしても、つながっていると考えてみていきます。途中から線がはじまっている場合は、その部分を補って考えましょう。

※斜めに線が入っている場合は、中指の付け根のまんなかを中心にして、コンパスで円を描くように基準線をずらしながら、流年を当てはめてください。

結婚線の流年法

結婚をするかどうかがわかる結婚線（→ p.138）。
その線上にあらわれるサインで、結婚の時期や
タイミングがわかります。

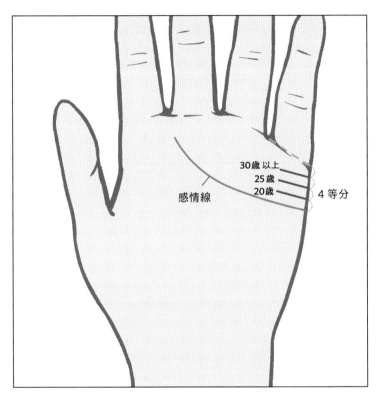

30歳 以上
25歳
20歳
感情線
4 等分

流年法をみてみましょう

　小指の付け根と感情線の間を 4 等分します。上から 4 分の 1 の地点を 30 歳以上、
次の地点を 25 歳、その次を 20 歳として考えます。

　小指の付け根から結婚線までの範囲が狭く、線がわかりにくいなど判断しづらいこ
ともあるので、生命線や運命線も合わせて、総合的に判断するといいでしょう。

縦三大線で いまの状態がわかります

縦三大線は、基本の横三大線（→ p.50）に次ぐ重要な基本の線。
成功のタイミングや金運がわかりますが、そのときどきで変化する線です。

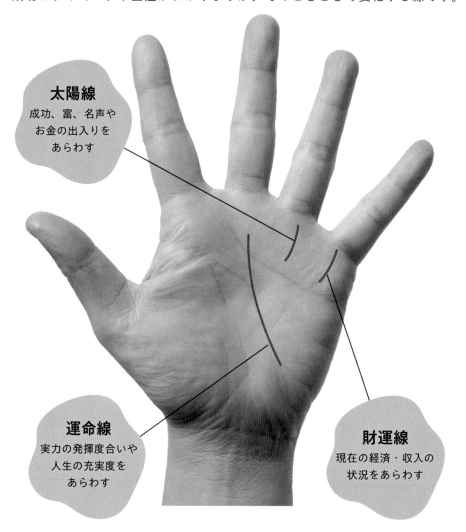

太陽線
成功、富、名声や
お金の出入りを
あらわす

運命線
実力の発揮度合いや
人生の充実度を
あらわす

財運線
現在の経済・収入の
状況をあらわす

人生の充実度がわかる
運命線

中指に向かう縦の線

手のひら中央に縦に伸びる線です。手のまんなかなどで切れている場合でも、運命線になります。人生の紆余曲折や転機、実力の発揮度、満足度などをあらわします。自分の力が出せていて、人生が好調のときは線が濃くなり、不調のときには薄くなったり消えてしまうこともあります。

薬指に向かう縦の線

成功するかがわかる
太陽線

その人が人生においてどれくらい成功や名声を手に入れることができるか、また、大きなスパンでみて収入がどれくらい得られるかなど、個人の実力をみます。太陽線はだれにでもあるものではなく、努力次第であらわれることもあります。

縦三大線から
わかること

小指に向かう縦の線

金運がわかる
財運線

水星丘（→ p.47）に流れる線で、直近のお金の出入りがわかります。線がまっすぐに伸びていれば、金運が好調。線が切れていたり、曲がっていたりすると、お金に苦労することをあらわします。

縦三大線は
横三大線より薄め
だからよくみてね

103

運命線をみてみましょう

人生の成功、失敗、転機、実力、満足度など、全体の運気をあらわします。
線が出たり消えたりと変化がある線です。

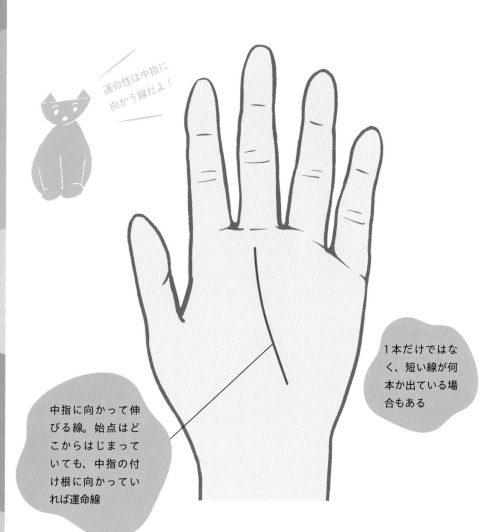

運命性は中指に
向かう線だよ！

1本だけではな
く、短い線が何
本か出ている場
合もある

中指に向かって伸
びる線。始点はど
こからはじまって
いても、中指の付
け根に向かってい
れば運命線

運命線では、いま人生で起きていることがわかります

　宿命ではなく、自分で切り開く運命の様子をあらわすのが運命線。自分が人生に向き合っている様子がそのまま線の形となり、自分の実力をどのように、どれくらい発揮し、満足して生きているのかがわかります。

　運命線がはっきり濃く出ている人は、大きな目標に向かって努力をし、充実した日々を送っています。

　運命線がない人、あるいは薄い人は、無理することなく穏やかに生活

しています。

　変化の少ない安定した人生の場合は、長い1本線が出ることが多く、環境の変化が多い人は運命線が複数あることも。

　生命線と同様に、流年法（→ p.98）でいつどのようなことが起こるのかがわかります。生命線と運命線の同じ時期に同じ意味の相が出ていると、示された内容がより確実に起こることになります。

運命線をみるときは

心と体の充実度をつかさどる運命線を始点、濃さ、終点、支線、その他の部分からみていきましょう。

みるところ	わかること	ページ数	みるところ	わかること	ページ数
始点をみる	成功パターン	p.106	支線をみる	開運時期、運命の出会い	p.114
濃さをみる	実力	p.110			
終点をみる	財産や蓄財の傾向	p.112	その他をみる	人生の変化点	p.118

運命線がわからないときは

　運命線は長さがまちまちなため、最初はわかりにくいかもしれません。始点がどこでも、中指の付け根に向かって伸びている縦の線があったら、複数あってもすべて運命線です。ただ、運命線は必ずある線ではありません。とくに女性の場合は運命線が出ているほうが珍しく、薄かったり、なかったりする人も多くいます。

始点がどの丘にあるかで成功パターンがわかります。

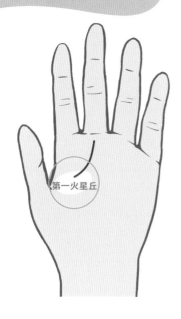

第一火星丘からはじまる
野心ある実力派

経営や起業センスがあり、時代を読む才能があります。不況で不安定、先がみえないといわれる時期ほど、その実力を発揮して成功するタイプです。一度目標を定めると、そこに向かって困難を乗りこえられるので、たいていの場合は達成することができます。

Advice

幸せに導くアドバイス

失敗も、成功へのプロセス。常に前向きな姿勢が大切です。ひとつひとつの経験は決してむだではなく、最終的には大きな幸せをつかむことができます。すべては志を貫く気持ちで。

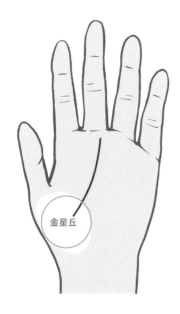

金星丘からはじまる
実家ぐらし

運命線が金星丘からはじまる人は、金銭的に困ることは少なく、結婚しても家から離れないことをあらわしています。それをデメリットととらえず、親や兄妹など家族の援助を受けたり、助け合うことができるメリットをいかすことを考えましょう。

Advice

幸せに導くアドバイス

困ったことがあったら、周囲に打ちあけてアドバイスを求めましょう。自分ができることとできないことを明確にし、無理をしないで負担を最小限にするのがおすすめです。

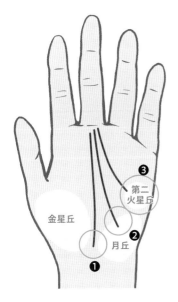

金星丘
第二
火星丘
月丘
❶
❷
❸

金星丘と月丘の間からはじまる❶

自力で開運

まじめで責任感があり、人に頼ることを好まない性格。器用なタイプなのでなんでもこなしてしまいます。ただし、すべてを抱え込んで立ちゆかなくなったとき、まじめな性格があだとなって頑固になりがちです。仕事はチーム体制で乗り切るといいでしょう。

Advice
幸せに導くアドバイス

なんでもひとりでできますが、さらに大きく発展したいときには、人を信頼して頼ることです。頼られることで相手も自信がつき、お互いのきずなが強く結ばれるでしょう。

月丘からはじまる❷

スター！

人をひきつける資質があり、サポートしてくれる人に恵まれるため、実力以上に成功や名声を手に入れることができます。自分の活動を、広く社会のために、人のために行うと、さらに運気は上がります。晩年は、郷里から離れた場所で暮らすでしょう。

Advice
幸せに導くアドバイス

縁のあった人をそのままにしてしまわないで。折にふれあいさつ状を送ったり、近況報告をするなどすると、縁が深まります。ひとつひとつの「ご縁」を大切にしましょう。

第二火星丘からはじまる❸

パートナー次第

運命線が第二火星丘からはじまる人は、結婚相手のサポートで成功することをあらわします。強運で力のあるパートナーをもつことで、協力者に恵まれ、運気がどんどん開いてくれます。成功を維持するには、周囲を大切にして感謝の気持ちを忘れないことが大切です。

Advice
幸せに導くアドバイス

人になにかをしてもらうことが当たり前になっていませんか。心でありがたいと思っても、口にしなければ相手には届きません。友人や家族など親しい人ほど言葉で伝えましょう。

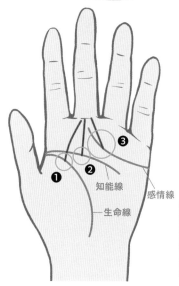

知能線

感情線

生命線

生命線の上からはじまる❶
大器晩成

若いころの成功には恵まれませんが、晩年になって地道な努力が報われます。研究者のように勉強家で忍耐強く、いつか結果が出ることを信じて前向きに進むことができます。考えたことを現実にするために、それに向かってチャレンジし、成功する大器晩成型です。

Advice
幸せに導くアドバイス
継続は力なり。すぐに結果を求めずに大きな目標を立てて、あせらず休まず努力を続けてください。大きな成功を手にできます。がんばる自分をいつもほめてあげましょう。

知能線の上からはじまる❷
ダイヤの原石

天賦の才能のもち主です。仕事や能力をあらわす知能線が流れる方向をよくみて、自分が得意な分野をよく分析し、本気でとり組めば、その道で「天才」の評判を得ることができます。スイッチが入れば人の何倍も努力することができ、本来もっているものを開花させます。

Advice
幸せに導くアドバイス
自分に合う環境を見つけることがいちばんです。世間一般とは価値観がかなり違っていますが、惑わされることなく、小さなころからやりたかったことをやるのがいいでしょう。

感情線の上からはじまる❸
博士タイプ

研究職のような地道な仕事につき、仕事で実績をつみ、晩年になって多くの人に認められる相です。とくに自然に関する分野の場合は、高い評価を受けることになるでしょう。バランスのとれた穏やかな性格なので、周囲の人からの信頼も厚いでしょう。

Advice
幸せに導くアドバイス
まわりのスピードは気にせず、自分のペースを守っていくといいでしょう。なにをしても人よりはゆっくりですから、その成果も遅くなりますが、大きな花を咲かせ、幸せになれますよ。

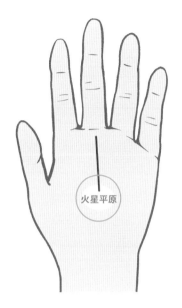

火星平原

火星平原からはじまる

困難に燃える

運命線が火星平原からはじまる人は、生まれたときの環境に恵まれない場合が多く、苦労の多い人生かもしれません。しかしコンプレックスをエネルギーに変え、困難が多いほど燃え上がるタイプなので、強く生き抜くことができます。ビジネスで成功する相です。

Advice

幸せに導くアドバイス

なんでもできてしまうため、相手にも求めがちになります。余計な期待はやめて、人それぞれのがんばりをみましょう！相手のよさを言葉にすることで運気が上がります。

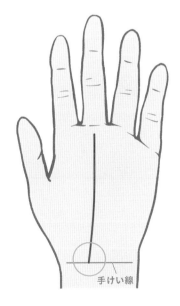

手けい線

手けい線からまっすぐにはじまる

我が道に集中

手首部分の手けい線から、中指に向かって垂直に運命線が伸びている場合は、ひとつのことを集中して追求するタイプ。「これ」と決めたらまっしぐら。周囲には目もくれずに、粘り強く突き進みます。自分が器用なので、不器用な人を見るとストレスに感じることも。

Advice

幸せに導くアドバイス

人の負担が少なくてすむよう、自分ができる範囲でできるだけ動くようにしましょう。他人は変えることができないもの。あてにせず、自分が行動することが大切です。

　その人の実力がわかります。

はっきりと濃く出ている
体をよく動かしている

線が濃いほど、体をよく動かし集中できることをあらわしています。体を使う仕事やアスリートなどが該当します。迷いなく自分に自信をもって進んでいるので、実力はじゅうぶんに発揮できており、状況が変わっても対応する能力があります。

幸せに導くアドバイス

自分を通す強さをもつのはとてもいいことですが、そのぶん周囲への配慮も必要です。できるだけ味方を多くするためにも、人の意見をよく聞く姿勢を見せましょう。

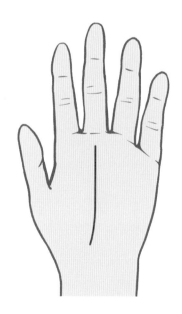

ふつうの濃さで出ている
女性はハードワーク型

女性で、運命線が濃くも薄くもないふつうの濃さの場合は、バリバリ仕事をして実力を発揮するタイプ。無理に家庭的な女性になろうとすると、パートナーの運を下げてしまいます。男性の場合は和を大切にするタイプで、デスクワークで実力を発揮できます。

幸せに導くアドバイス

自分に必要なエネルギーは、家庭でつくられます。もっとも気をつかうべき存在は、一緒に暮らしている人だと考えて、家の雰囲気がよくなるように心がけましょう。

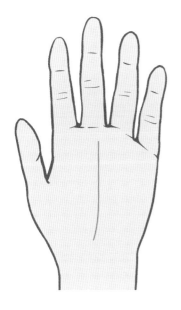

薄く出ている

家庭的なタイプ

線が薄い場合は、家庭的なタイプです。女性の場合、運命線が薄いことは珍しくありません。社会的にバリバリ働くというよりも、家庭的なことを大切にしているときは、運命線は薄くなります。男性の場合、仕事で実力が発揮できず、転職する傾向があります。

Advice
幸せに導くアドバイス

部屋をよくそうじして整え、いつも心地よい環境に身を置くことが大切です。ものにはエネルギーがあるので余計な服や靴は処分し、自分に合う必要なものだけにすると〇。

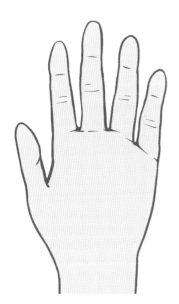

運命線がない

成功欲がない

社会とのかかわりが少ないことをあらわしています。女性は、仕事での成功欲がないと運命線がないことも。目標をもったり社会活動などに目覚めると、出てくることがあります。運命線のない男性は、過剰に物事にのめりこんだり、遊び人だったりします。

Advice
幸せに導くアドバイス

人のことはあれこれ考えずに、まずは自分が幸せになるために自分磨きを。内面も外見も美しくなっていくと、周囲の人も幸せな気分になれます。

運命線　**終点**でみる　　財産や蓄財のことがわかります。

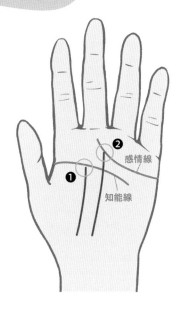

① 知能線

② 感情線

お金のことが気になる場合は
財運線（→ 126）も合わせて
確認してみよう

知能線で終わる❶

才能をお金にできる

自分の才能をいかして稼ぐことができます。運命線がまっすぐで乱れがない場合は、与えられた才能を磨くことを怠らず、経済的安定も手に入れることができます。線に「島」や乱れがある場合は、散財することをあらわしているので、お金の使いかたには気をつけましょう。

Advice
幸せに導くアドバイス
才能をもとにお金を稼ぐことができますが、広く浅く物事を学ぶよりも、深くひとつのことを突き詰めて学んだほうが才能が伸び、あなたの性に合っています。

感情線で終わる❷

お金に興味なし

世渡りじょうずで隙がないタイプ。全精力を仕事に傾けることができ、緻密に根回しをして自分の地位を築きます。自分が思い描いた成功をおさめることができますが、あまりお金に興味がないので、財産はそれほど多くありません。

Advice
幸せに導くアドバイス
関心が薄くても、いざというときにはやはり、お金が安心感を与え、問題を解決してくれます。自動積立など、勝手に貯蓄できるような仕組みをつくっておきましょう。

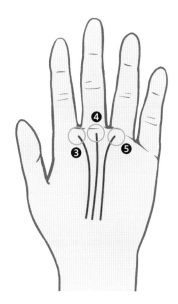

人さし指側で終わる❸

社会的信用が財産

運命線の終点が人さし指に寄って流れている場合、お金を稼ぐことや蓄財に興味がありません。もっとも大切なことは、高い評価・評判・名誉などを得ること。人に恵まれ、信用されて開運するタイプです。お金の管理は得意な人に頼みましょう。

Keyword

幸せへの読み解きポイント

お金に関心がなくても、必要なときはきます。少しずつでも毎月貯蓄をする習慣をつけるとよいでしょう。お金は自分を磨くための投資。生きたお金の使いかたをしましょう。

中指のまんなかで終わる❹

自由な人生

だれにも、なににもとらわれない自由人の相です。努力することで道は開けますが、財運にはあまり恵まれません。お金に縁がなかったとしても、しがらみや常識などに縛られることがない、開放的な人生を送れることは最高のぜいたく。肯定的にとらえましょう。

幸せに導くアドバイス

プラス思考で物事をとらえ、精神的に安定していい運をキープしましょう。まずは体力が必要です。早寝早起きを心がけ食事もバランスよくとり、健康維持に気をつけて。

薬指側で終わる❺

不動産投資向き

運命線の終点が薬指に寄って流れている場合、お金を稼ぐことが得意で、大金を動かす力や度胸、判断力をもっています。家や土地など不動産を維持するために奮闘する人生です。もともと不動産をもった家に生まれた人は、引き継いで守っていくでしょう。

Advice

幸せに導くアドバイス

お金の管理は自分ひとりではなく、専門の人のアドバイスをもらいながら進めるとより多くのお金を集めることができます。自分の負担も減りますよ。

開運時期や運命の出会いがあるかわかります。

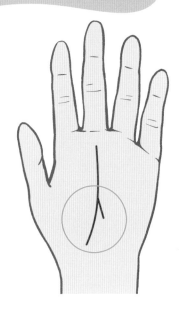

支線が下から合流する

運命線が濃いと大開運

この支線がある場合、支援してくれる人との出会いをあらわしています。出会う時期は、その支線がはじまるあたりを流年法（→ p.100）で確認しましょう。運命線が濃い場合は、出会った人がきっかけとなって大開運していくでしょう。運命線の長短は関係ありません。

Advice

幸せに導くアドバイス

いい人との出会いの暗示がいつきてもいいように、普段から自分を磨いておきましょう。なりたい自分に近い人を探して、話しかたやしぐさなどを参考にするのもいいでしょう。

支線が上向きにわかれる

大転機と開運の流れあり

支線が分岐する流年の時期に、大きな転機がおとずれることをあらわしています。そのできごとを契機に、大開運するでしょう。支線の長さが長いほど、開運期は続きます。運まかせではなく、さらに努力を重ねれば、支線が濃くなり、なお運気が上がりますよ。

Advice

幸せに導くアドバイス

考えていたことを思いきって実行に移しましょう。失敗を恐れ、なにもやらないよりはやったほうが後悔もありません！ 実行することで成功を引き寄せるのです。

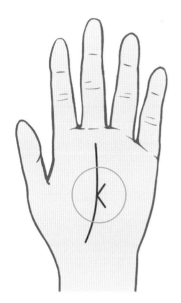

1か所でふたつにわかれる

出会いと開運の流れあり

運命線に「く」の字のように支線が合流・分岐している場合、流年法（→ p.100）でみて、その時期にいいことがあり、そのまま開運する流れをあらわしています。開運状態にあるときは、支線の濃さがはっきりとしてきます。

Advice

幸せに導くアドバイス

一気に開運することをあらわす線です。そのタイミングで大きく開運するよう、あらかじめ準備を。かなり強力なエネルギーがはたらくので、体を鍛えて体力をつけておきましょう。

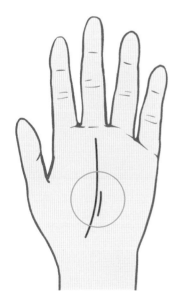

支線が運命線に沿っている

運命の出会いと別れ

支線が運命線に接することなく、横に沿っている場合、自分に強い影響を与えるような運命的な人との出会いがあります。それにもかかわらず、結果的には離れることになりそうです。流年法（→ p.100）でみて、支線の終点が別れる時期です。

Advice

幸せに導くアドバイス

愛には恋愛以外にも友情や尊敬、献身的な気持も含まれます。運命の人とは、愛の形にこだわらずに、縁を大事にしましょう。

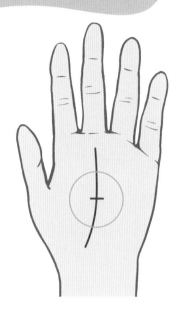

支線が直角に交わる
大きなトラブルを予告

縦に流れる運命線に対して、支線が直角に横切っている場合、それは障害線（→ p.150）です。交わっている地点を流年法（→ p.100）でみると、その時期に人生を左右するほどの大きなトラブルが起こることをあらわしています。障害線が濃いほど、トラブルは深刻になります。

Advice

幸せに導くアドバイス

物事が進むときには、それが大きいほどトラブルも生じやすくなります。トラブルは起きて当然くらいに思いながら、冷静に対処できるように心とお金の準備をしておきましょう。

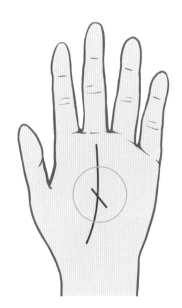

支線が斜めに交わる
別れと裏切りの予感

縦に流れる運命線に対して、支線が斜めに横切っていたら、裏切りのサイン！ 交わっている地点を流年法（→ p.100）でみると、その時期に運命の人だと信じていた人との別れや、信頼していた人の裏切りがありますが、相手を恨まず、切りかえることで運が開けます。

 Advice

幸せに導くアドバイス

人に期待しすぎないこと。自分が人のためになにかできたなら、それだけでじゅうぶんなのです。無理のない範囲で、適度な距離をもって人と接しましょう。

線にはほかにいろいろな意味があります。

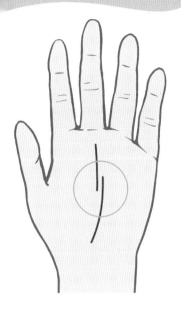

途中でずれている
もうひとつの運命

運命線が途中で分断され、ずれて2本になっている場合は、運命線が2本あるとみます。ずれた位置を流年法（→ p.100）でみると、その時期に人生の変化がおとずれることを示唆しています。右側へのずれは住居や仕事、左側へのずれは考えかたや気持ちの変化です。

Advice
幸せに導くアドバイス
臨機応変に物事を考えられる柔軟さをもって。こだわりやプライドは捨ててしまいましょう。自分の考えが絶対と思わず人の意見も取り入れ、いつも最高の選択をしましょう。

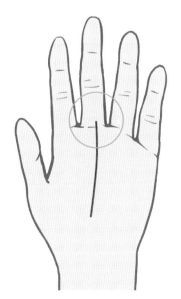

中指の付け根を突き抜ける
波乱の人生

運命線が、中指の付け根を突き抜けて終わっている場合は、吉凶が交錯する波乱の人生をあらわしています。豊臣秀吉がこの相だったといわれ、悩みが多く、晩年は孤独に。家族や周囲の人たちを大切にすることで、その運命を改善することができますよ。

幸せに導くアドバイス
音楽はマイナスの波動を引き上げてくれます。孤独を感じたときには、好きな音楽を聞いてエネルギーを高めましょう。落ち込んだ際に聞く曲を決めておくのもおすすめ。

曲がりかたや切れ目、島は変化を示しています。

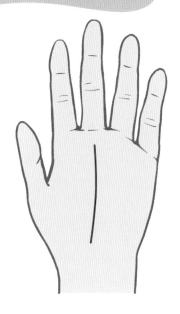

直線的でまっすぐ
堅実で安泰

自分の気持ちにすなおに、迷いなく人生を送ることができる相です。おとずれる岐路では、いつもしっかり自分自身で選択ができるので、後悔はありません。堅実に自分の居場所を選び、リスクを回避するので晩年ほど運気は上がり、平穏無事な人生になります。

Advice

幸せに導くアドバイス

すなおなあまり、気持ちが先走ることも。自分の限界までがんばると、体を壊してしまいます。自分ができる範囲を把握して、頼みごとや仕事を引き受けるようにしましょう。

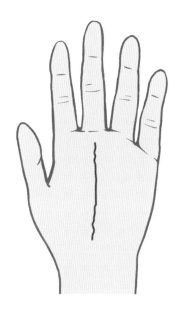

くねくねしている
優柔不断で苦労が多い

苦労が多い人生です。気が小さく不安症で、自分に自信がもてません。やさしいので困った人を見るとつい助けてしまうのですが、うまくいかないこともしばしば。自分の軸をしっかりともち、他人の意見に振り回されないようにするといいでしょう。

Advice

幸せに導くアドバイス

人間関係でいつもストレスを抱え込んでは大変。自分の常識が通用しない人に接したら「常識のない人なのだな」とあきらめ、無理しないようにしましょう。

ところどころに切れ目がある
変化が大好き

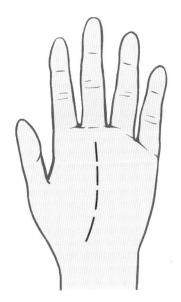

運命線がすっとした一直線ではなく、途中でところどころ切れている線の場合は、変化を求めて落ち着かない人生であることをあらわしています。住居や仕事、人づき合いなどが変わりやすく、飽き性な面が。地道にこつこつと継続することが苦手です。

Advice
幸せに導くアドバイス

変化を経験として役立てて。無理にひとつのところにじっとしている必要はありません。コミュニケーション能力を高めるため、語学をがんばってみて。世界が広がります。

線の途中に「島」がある
大スランプ時期

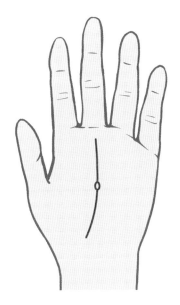

楕円または円形の「島」がある場合は、流年法 (→ p.100) でみたときに、その時期にだけ、人生に大きく影響する大スランプがおとずれる暗示です。島がいくつか細かく出ているときは、そのたびに悩みが出現。気持ちを強くすることで、島を消しましょう。

Advice
幸せに導くアドバイス

実は、島がある時期 (→流年法 p.100) は、自分の内面を高めるのにはとてもよい時期です。たくさん本を読んだり映画をみるなど、気になっていることを趣味としてはじめてみましょう。

太陽線をみてみましょう

まぶしく輝く太陽のように、成功、人気、富などがわかる線です。
なかなかあらわれない線で、あるだけでラッキーです。

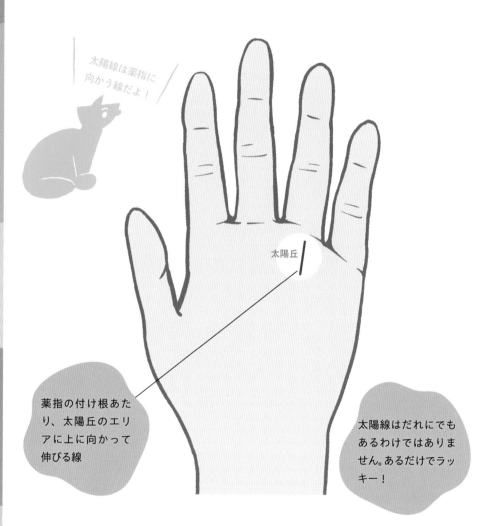

太陽線は薬指に
向かう線だよ！

太陽丘

薬指の付け根あた
り、太陽丘のエリ
アに上に向かって
伸びる線

太陽線はだれにでも
あるわけではありま
せん。あるだけでラッ
キー！

太陽線は、とても特別な存在です

太陽線は、日のあたる人生になることをあらわす線です。この線があると社会的に成功し、人望が高まり、名声を得られるという、輝きのある人生を送ることができます。その成功によって財産運にも恵まれるでしょう。

どのような才能があり、どのような分野で成功をおさめるのか。いつ開運するのか。支援者はいるのかな

ども、みることができます。太陽線は、だれにでもある線ではないため、もしあったらとても幸運と考えてください。

とくに女性は、手の質感からあらわれにくい線です。もし、太陽線があった場合、感謝の心を忘れないで。謙虚な気持ちを忘れてしまうと、線上に直角に交わる障害線（→ p.150）が出るなど、成功に陰りが出ます。

太陽線のみかた

あるだけでラッキーといわれる太陽線は、名声や富をあらわします。始点からみていきましょう。

みるところ	わかること	ページ数
始点をみる	成功パターン	p.122

太陽線がわからないときは

どこからはじまっていても、薬指に向かっていれば太陽線です。太陽線は長ければ長いほど、その意味合いは強くなります。ただ、線自体がない場合がほとんどです。あるだけですばらしいことであり、太陽丘の上にあるだけの短い線でも、成功して幸せになることを意味します。

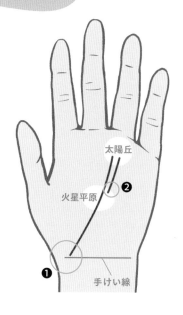

太陽丘

火星平原

❷

❶

手けい線

薄い場合もあるので
じっくりみてみよう

手けい線の上からはじまる❶

20代で開花

もっている自分の才能を埋もれさせず、じゅうぶんに発揮して成功します。その才能は20代から顕著になり、苦労も多くなりますが困難を乗り越え成長していきます。太陽線が太く濃い場合はよりその傾向は強くなり、とくに芸術やビジネスの分野で活躍します。

Advice
幸せに導くアドバイス
人と同じことをやっていてはせっかくの能力も開花しません。人が遊んでいるときにも努力するようにしましょう。自分に刺激と笑顔を与えてくれる人といっしょにすごしましょう。

火星平原からはじまる❷

パイオニア

人にまだ認知されていないようなマイナーな分野で、実力を発揮できます。努力家で負けず嫌い。地道に努力を重ねた先に見える景色があると信じ、行動できるタイプの人です。やってきたことが自然と収入にもつながり、晩年ほど安定した生活を送ることができます。

Advice
幸せに導くアドバイス
並外れた精神力があります。マイペースで進みましょう。いい師をもつと一気に運気が上がります。まだいない場合は、理想の師を想定し、教えてもらっているつもりで行動を。

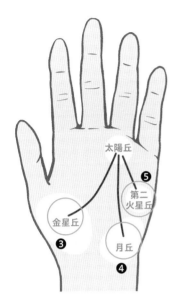

太陽丘

⑤

第二
火星丘

金星丘

③

月丘

④

金星丘からはじまる❸

アーティストとして成功

美術や文学など芸術面で、才能を発揮します。作品はどれも生命力にあふれ、とくにセクシャリティをモチーフにした作品で高い評価を得ることができます。仕事ではなく、趣味になってもいいので、もっている才能をいかして発信すると人生のプラスになります。

Advice

幸せに導くアドバイス

自分の世界を深めていくときには、余計な五感を使いすぎないように生活はシンプルに。部屋に余計な物は置かず、物の位置を完ぺきに把握するとインスピレーションもわきます。

月丘からはじまる❹

将来は有名人

スター性のある人気者です。広い人脈をもち、周囲からの援助を受けて成功していくタイプ。太陽線が直線的な場合はその可能性が高く、曲線的な場合はギャンブルに熱中しやすいので注意が必要ですが、お金を稼ぐ力はあるので心配しなくてもだいじょうぶです。

Advice

幸せに導くアドバイス

地に足がつかないところがあるので、ほっとできる、自分が安定する場所を確保することが大切です。人に気をつかいすぎな面もあるので、自分を意識してかわいがりましょう。

第二火星丘からはじまる❺

こつこつ蓄財

接客に向き、商売で才能を発揮します。がまん強さと粘り強さをもち、性格もまじめで誠実。周囲の信頼感は抜群です。商売を小さくはじめても、やがて大きな儲けを得ることができたり、少しずつでも確実に財産を増やしていくことができるでしょう。

Advice

幸せに導くアドバイス

これはできる、できないとわけることなくなんでもチャレンジを。かんたんにこなしていけます。自分から行動することで、周囲の信頼を得られて成功します。

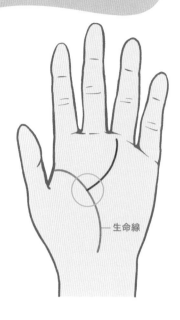

生命線

生命線の上からはじまる
もの書きで成功

文才があり、遅咲きですが作家デビューできる可能性がある相です。コツコツと書きためて、文学賞などにチャレンジするとよいでしょう。自分の才能よりも堅実な生活を大切に考えるので、ほかに仕事をしながら活動を続けていくのがよいでしょう。

幸せに導くアドバイス

ひらめいたことを書きとめる習慣をもって。ずっと覚えておくのは難しいものです。メモを取る習慣で飛躍的に自分の世界を表現しやすくなります。

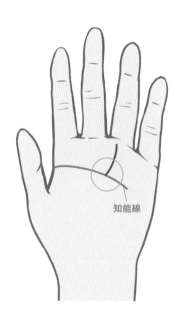

知能線

知能線の上からはじまる
プロフェッショナルに

芸術面に明るく、研究熱心。話題が豊富で社交的なので評論家や、プレゼンテーションするような専門職で評価を受けます。自分の好きなことばかりではなく、時代の流れをみてうまくのることもできるので、名声を手に入れて、それなりの地位につくことができます。

幸せに導くアドバイス

情報を多く得ることに長けています。入手したことをじょうずに管理しましょう。大切な情報はジャンル別に分け、整理を。必要なときにすぐに引き出せる武器となります。

運命線の上からはじまる❶
分岐の年に好転

中指に向かって流れる運命線から太陽線がはじまる場合は、流年法（→ p.100）でみたとき、太陽線が出ている時期の年から開運することをあらわしています。人生が好転するできごとが起こります。

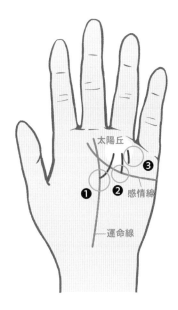

太陽丘

❸

❶

❷　感情線

運命線

Advice

幸せに導くアドバイス

強運を手にするためにも、小さな視野でものを考えないこと。普段から、自分だけでなく他人の幸せも願いながら行動することで、よい運にのることができます。

感情線の上からはじまる❷
組織で実力発揮

官庁や企業などの組織に属して、実力を発揮します。仕事では地道に実績を残し、家庭にも恵まれ、結婚を機に運気が安定します。とくに50代以降、よい変化が起こって人生がより充実したものになるでしょう。

Advice

幸せに導くアドバイス

「すべて計画したのになぜうまくいかないんだろう」と考えがちです。でも、なにごとも他人がかかわりますし、時間の流れとととともに変わることもあります。計画通りにいかないのが普通と考え、広い心をもちましょう。

太陽丘のエリアにある❸
平穏無事がいちばん

太陽線が、太陽丘のエリアにだけ短くみられる場合は、堅実なタイプです。あたたかな家庭生活を送ることが幸せでありがたいと思ってすごすでしょう。

Advice

幸せに導くアドバイス

「今日も新しい一日がはじまる、私と私を取り囲むすべての人にありがとう」と、毎日、朝日をみて唱えましょう。日の出のパワーを得ると、肉体はエネルギーに満ちて運気も上昇します。

財運線をみてみましょう

水星丘に出る線だけを財運線と呼びます。
生命線、月丘、火星平原から水星丘に伸びる線は、
水星線（→ p.131）で別の意味をもちます。

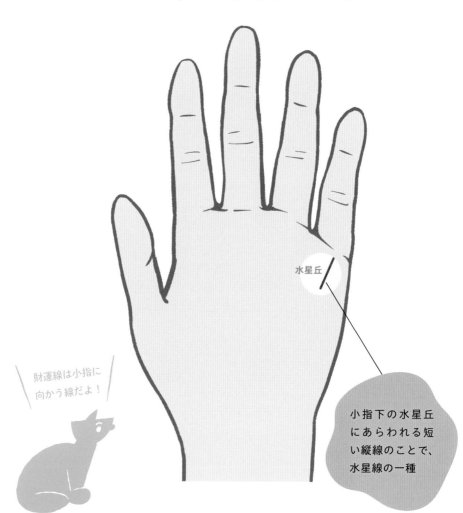

水星丘

財運線は小指に
向かう線だよ！

小指下の水星丘
にあらわれる短
い縦線のことで、
水星線の一種

126

財運線は、現在のお金の状況がわかります

　財運についてみる財運線は、手相のなかでもまさに現在の様子がリアルに出ている線です。1本の線がはっきりと出ていれば、財運がとてもよく、安定している状態です。

　線が薄い、またはところどころ切れている場合は、財運にあまり恵まれていません。線は2〜3本出ていることも多く、その数だけ収入源があることがわかります。

　一方で、成功してお金がある人でも、財運線が出ていない人もいます。この線は、本人の感じかた次第であらわれるので、本人がまだまだお金が足りないと思っているなら財運線は出ず、本人が金銭面で満足していれば出てきます。

　よく変化するので、いま、お金を使ってよいのかどうかも線の様子をみながら判断するとよいでしょう。

財運線をみるときは

水星丘の範囲にでる線を、財運線といい、現在のお金の状況がわかります。ラインの状態からみていきましょう。

みるところ	わかること	ページ数
ラインをみる	経済状態や本人の収入に対する満足度	p.128

財運線がわからないときは

　財運線は、小指の下の水星丘にあらわれている縦線です。水星丘のなかにあって、線が薄くても短くても、縦に出ている線であればすべて財運線になります。
　財運線はそのときの経済状況で、出たり消えたり、濃くなったり薄くなったりとよく変化するので、こまめにチェックしてください。

　経済状況や収入に対する満足度がわかります。

まっすぐはっきりしている

いまの収入に満足

現在、経済的に豊かでそれに満足していることをあらわしています。線が薄い場合は、入ったお金をすぐに使ってしまうことをあらわし、たくさん収入があるのに線がない場合は、自分はもっと稼げるはず、まだまだと感じていることをあらわします。

Advice

幸せに導くアドバイス

お金がうまく流れています。必要経費を使ったあとは、少し貯蓄を。残りは自分への投資に使いましょう。何年後、何十年後かに大きな価値が生まれて幸せにつながります。

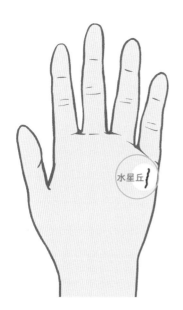

くねくねしている

気持ちに余裕がない

お金を稼ぐため、あくせくしている現状です。給料が上がらない、職を失うかもしれないなどの不安を抱えていませんか。自暴自棄にならず、節約できることを見直したり、あきらめずに仕事で努力を重ねたり、思い切って転職するなど現状を打開する行動を。

Advice

幸せに導くアドバイス

自分はお金に縁がないと思い込んでいるところがあります。まずは、お金が大好きだと思うこと！ そのうえで、本気を出して行動すれば、自然とお金が集まるようになります。

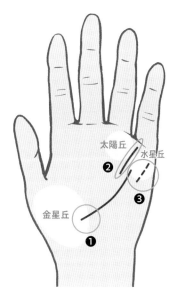

太陽丘

水星丘

②

③

金星丘

①

金星丘からのびる❶

大きな遺産を受け継ぐ

長男や長女に出やすい特殊な線で、大きな遺産が入ることをあらわしています。はっきりと濃く長い場合はその額が大きく、線が途中で切れている場合は少なくなります。

Advice

幸せに導くアドバイス

家や土地など財産を守るために、いろいろとすることが多くなります。時代が変化しても管理しやすいように保管方法を考え、今後のためにもあとを引き継ぎやすくしておきましょう。

太陽丘と水星丘の間❷

お金に困らない超強運

親の財産を受け継ぐなど、大金を得る財産運最強の線です。クジ運やギャンブル運も強く、浪費をしてもお金に困らず豊かな生活ができます。

Advice

幸せに導くアドバイス

ひとりだけで大金を抱えると、強い負のエネルギーも抱えてしまいます。お金を自分だけでなく、人のためにも使うと、生活がより豊かになります。寄付などでエネルギーのバランスをとりましょう。

途中で切れている❸

かなりの浪費家

財運線が細かく途切れている場合は、お金が右から左へと出ていくことをあらわしています。支出が収入を上回ってしまうこともあり、貯蓄も苦手です。価値が生み出せるようなお金になるように、よく考えてお金を使いましょう。

Advice

幸せに導くアドバイス

お金が出ていってもちゃんと入ってきていれば、よく回っているということなので心配はありません。お金は使ってこそ意味があるもの。計画を立てながら、あなたの欲しいものを買ったり、楽しむことに使って。

あったらラッキー！
スペシャル線

じっくり手相をみると、まだまだ幸運が隠れています！
なかなかみられない、スペシャルレアな線を紹介します。

知能線と感情線が１本に
マスカケ線

知能線と感情線が１本になって、手のひらを横切る線が「マスカケ線」です。この線がある人は、大勢の人の上に立つリーダー的資質をもっています。人の世話をきめ細かくみる親分肌で、絶大な信頼を得ることができます。

Advice
幸せに導くアドバイス
平凡では満足できません。努力して、自分が納得するよい環境に身を置きましょう。自分の力を自由に発揮できる環境にさえいれば、能力は開花し、大きな成功をおさめます。

知能線が２本ある
二重知能線

普通は１本の知能線が２本ある場合は、思考する力が２倍あり、優秀であることをあらわしています。器用で多彩。人から注目を浴びる存在です。子どものころから財運がよく、苦労知らずですが、心が強く、繊細で思いやりがあります。

Advice
幸せに導くアドバイス
考えすぎてしまい、結局行動しないこともあります。せっかくのチャンスをむだにするなんてもったいない！とりあえずは決断をして動くことを優先しましょう。

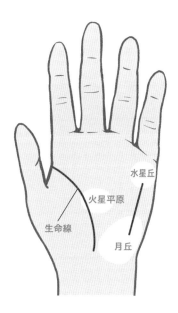

小指側にまっすぐ縦に伸びる線
水星線

水星線とは、生命線や月丘、火星平原などから小指下の水星丘に向かって伸びる線です。この線のある人はコミュニケーション能力にすぐれ、人と物をうまく動かすビジネスの才能もあります。水星丘だけに出る縦線は財運線（→ p.126）で、短期的な経済状態をあらわします。

Advice
幸せへの読み解きポイント

あなたには、人を言葉で元気にする力が備わっています。できるだけよい言葉を人に与えましょう。相手を喜ばせることで、あなた自身のエネルギーもどんどん上がっていきます。

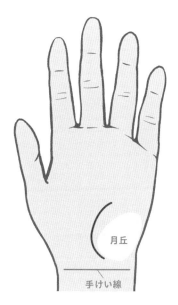

月丘を囲むような縦のカーブ
直感線

手けい線からはじまり、月丘を囲むようにカーブして、月丘上部へと流れる線が直感線です。スピリチュアルの象徴ともいえ、目にみえない第六感の強さをあらわします。線がはっきりしているほどそれが強く、感性をいかす芸術家、カウンセラーなどが向いています。

Advice
幸せへの読み解きポイント

目にみえないものと同じように、目にみえるものも、この世では大切です。日々の生活を正しく送り、人に自分の価値観を押しつけず、みんなを愛する気持ちをもつと霊性も上がります。

その他の線から
人生を歩むための運を知りましょう

横三大線（→ p.50）、縦三大線（→ p.102）という大きな線以外にも、
細かいけれど大事な線がいくつかあります。

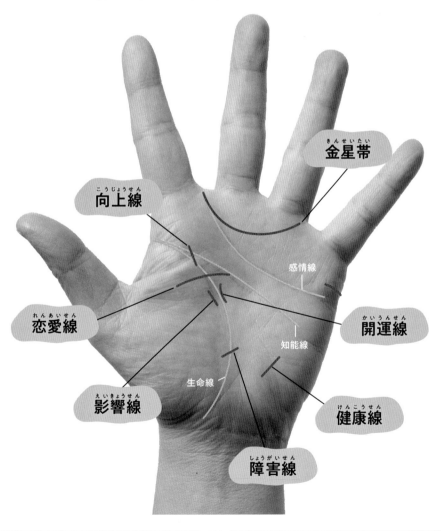

金星帯

向上線

感情線

恋愛線

開運線

知能線

影響線

生命線

健康線

障害線

細かい運がわかる特別な線たちです

　手相において重要な横三大線（→ p.50）や縦三大線（→ p.102）からは、その人の基本情報を得ることができますが、その他の細かい線にも大切な情報があらわれています。

　恋人の出現や恋愛のゆくえ、結婚生活や健康状態、人生を歩むうえで知っておきたい細かいポイントをみることができます。

恋愛線
大恋愛をする時期やなりゆきなどの恋愛運

影響線
好きな人と出会えるか、また、恋のゆくえ

結婚線
結婚の時期や回数、結婚生活の様子をみる

金帯線
恋愛パターンやつき合いかた、性生活

向上線
忍耐力や持続力、目標達成力

開運線
開運する時期や支援者の有無、成功するパターン

障害線
トラブルが起こる暗示や時期、トラブルの内容

健康線
健康状態や病気、注意するべき器官

生命線の内側に出る線だよ

その他の線

影響線をみる

恋愛と結婚のゆくえがわかる

影響線とは、生命線から親指側にわずかに
出ている線のことで、人とのかかわりをあ
らわします。好きな人があらわれるか、そ
れはいつなのか、恋愛から結婚へのプロセ
スはどうなるかなど、恋愛や結婚に関する
ことをみるときの参考になります。

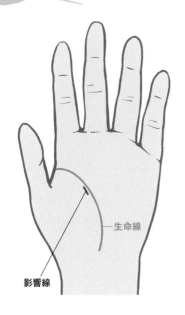

生命線

影響線

生命線に合流する❶

運命の出会いと結婚

線の始点を流年法（→ p.98）でみて、その時期に運命
の人と出会うことをあらわしています。線のはじまり
に出会い、線が合流する時期に結婚を予期しています。
線が長いほどその人の影響を強く受けます。影響線が
出ているのに合流していない場合でも、よいつき合い
をしていると線が変化して合流する場合があります。

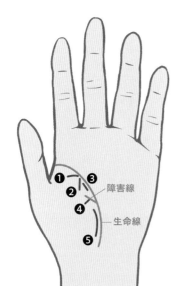

障害線

生命線

Advice

幸せに導くアドバイス

世のなかにはたくさんの人がいますが、実際に出会えるのは
ごくわずか。気に入る人となると、さらにわずかです。気が
合う人には、できるだけていねいに接するようにしましょう。

134

生命線から下に出ている❷

生活が急変する時期

生命線から下にわかれるように影響線が出ている場合は、流年法 (→ p.98) でみてその時期に生活が急変することをあらわしています。女性なら結婚を意味していることがほとんど。はっきり濃く出ている場合は、生命線が２本あるのと同じと考えて、人の２倍生きる力があることを示します。

Advice
幸せに導くアドバイス

結婚や生活の急変によって多忙になり、大切なことを忘れてしまいがちです。スケジュール管理をきちんとして、毎朝その日にすべきことの優先順位をつけましょう。

生命線から少し離れている❸

サポートしてくれる人の出現

生命線から、わずかに離れた状態で出ている影響線は、おもに仕事面で継続的にサポートをしてくれる人がそばにいることをあらわしています。恋愛の場合もありますが、その相手とはゴールまでいかず、おつき合いや同棲で終わることが多いでしょう。

Advice
幸せに導くアドバイス

いつも助けてくれる人に、感謝の言葉をきちんと伝えて。その人とは将来的に離れるかもしれません。できることがあれば、そばにいてくれるうちに積極的に恩返しを。

障害線でさえぎられている❹

結婚にいたらない

障害線が影響線の合流をさまたげると、おつき合いをしていても結婚までにはいたらないことをあらわします。運命的にどうしても避けられない別れです。ただ、まれに影響線が障害線を突き抜けて伸びることがあり、その場合はうまくいきます。

Advice
幸せに導くアドバイス

運命とはそういうもの。愛し合っていても、その人と結婚の縁はなかったのだと、潔く新しい道に進みましょう。新しい出会いに巡り会えるはずです。

生命線に沿っている❺

生命力が強い

長い影響線が、生命線と平行するように沿って出ている場合は、生命力の強さをあらわしています。リーダー的な存在で、たくさんの人に影響を与えながら生きていく人です。面倒見がよく行動力も抜群。あなたがすてきすぎて相手が気おくれするかも。

Advice
幸せに導くアドバイス

生命力があり人のためによく働きますが、やることが大きくなればなるほど無理もしがちです。健康には普段から気をつけて、スポーツも日課にすると運を保つのに役立ちます。

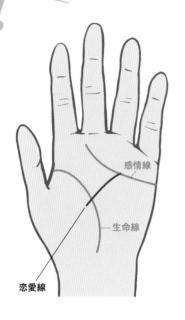

その他の線

恋愛線をみる

どんな恋愛がおとずれるかをみる

恋愛線とは、感情線からはじまり生命線を
横切る線です。ほとんどは途中で線が切れ
ていて、生命線のところでまたあらわれま
すが、長くつながって伸びる人もいます。
人生において大恋愛をする時期や、恋愛の
なりゆきがわかります。

感情線から出る長いカーブ

大恋愛のおとずれ

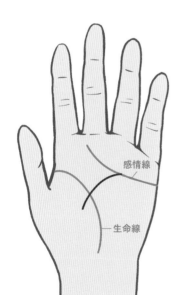

流年法（→ p.98）でみて、生命線と交差する時期に、
大恋愛を経験することをあらわしています。深く愛
し合う仲で、生涯忘れられない相手になるでしょう。
結婚に至るかどうかは、生命線と交差するあたりに
開運線（→ p.148）が出ているか、出ていないかでみ
ます。

Advice

幸せに導くアドバイス

たくさんの人からモテる必要はありません。まずは自分が
好きな人に、積極的にアプローチしてみてください。相手
を尊敬し、自分も高められる相手がおすすめです。

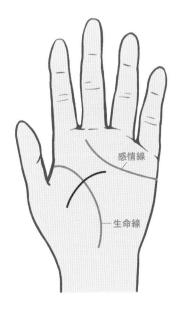

感情線から離れた長いカーブ

激しい恋愛

感情線から離れているものの、生命線から感情線に向かって長いカーブを描いているものは、p.136と同じく大恋愛のおとずれをあらわしています。流年法（→ p.98）でみて、生命線と交差する時期に、よい恋をすれば、人生に大きな影響を与えます。忘れられないような激しい恋の場合がほとんどです。

Advice

幸せに導くアドバイス

運命の人があらわれたら、ほかはすべて後回しにして恋愛を優先させましょう！　反対があったとしても負けないで。結婚して必ず相手を幸せにするという気持ちを大切に。

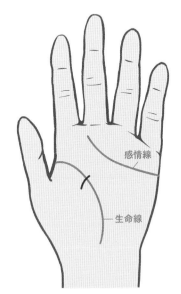

感情線から離れた短いカーブ

片思いの予感

感情線から離れているけれど、線を伸ばしていくと感情線にぶつかる線は恋愛線です。感情線から離れているうえに短いカーブを描く線の場合は、流年法（→ p.98）でみて、生命線と交差する時期に、恋愛をすることをあらわします。順調な場合もありますが、片思いで終わることが多いでしょう。

Advice

幸せに導くアドバイス

相手からのアプローチを待っているとそのまま終わってしまうかも。自分の気持ちをはっきりと伝えて！　そこからすべてははじまります。勇気を出して幸せをつかみましょう。

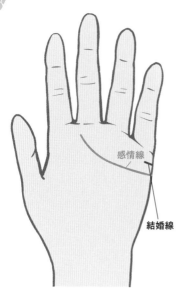

感情線

結婚線

その他の線
結婚線をみる

結婚生活をみる

結婚線は、感情線と小指の付け根の間に出る線です。結婚する時期、回数、どのような結婚生活になるのか、問題は起きるかなどをみます。線のあらわれかたはまっすぐだったり、上に向かって伸びたり、太陽線と接するなどさまざまで、その人の心がけによって変化します。

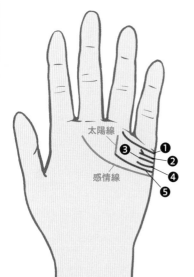

太陽線

❸ ❶
❷
❹
感情線
❺

薬指の付け根に伸びる❶
成功者がパートナーに

結婚線が薬指の付け根に向かって流れている場合は、結婚相手が成功者であることをあらわしています。それによって人生は大転換。よい面もありますが、人から注目されたり、忙しくなるぶん、問題が起きるなどストレスが増える生活になるでしょう。

Advice
幸せに導くアドバイス

結婚後から急に忙しい生活になりますが、笑顔でのりきって。完ぺきを求めすぎずに、できないことがあっても周囲に助けてもらえば、円満にすごしていけるでしょう。

138

上向きの支線がある❷
豊かで安定した 結婚生活

結婚線の途中から上向きに支線が出ている場合は、結婚することによって独身のときよりも、さまざまな面で豊かに暮らせることをあらわしています。もっとも難しいといわれる、いわゆる「普通の幸せ」を、末永く感じることができる人生になりそうです。

Advice
幸せに導くアドバイス
よい配偶者との出会いにより、世界が大きく広がります。依頼心をもたず、自分ができることはできるだけ自分で行い、配偶者の負担を減らすと、さらに大きな幸せをつかめます。

1本まっすぐ伸びている❸
相性が合う人との 幸せな結婚

1本の線が横にまっすぐに伸びている場合は、自分にぴったりと合う人と結婚できることをあらわしています。さらに線が太く濃い場合は、夫婦でお互いを思いやり、家庭は明るく楽しく、より理想的で、安定した生活を送ることができます。

Advice
幸せに導くアドバイス
結婚相手に対しては、だれよりもいちばんに気をつかいましょう。相手を大事にするとともに、自分をもっとも大切にすることにつながりますよ。

ゆるやかな上向き❹
豊かで安定した 結婚生活

結婚線が横に1本出て、ゆるやかな上向きの場合は、理想をこえた結婚ができることをあらわしています。結婚を契機に大開運し、人生があらゆる面で充実します。運がよいことを謙虚に受け止め、努力を怠らないようにすると、その幸せは長続きします。

Advice
幸せに導くアドバイス
自分の幸せがあるのは、結婚相手やまわりの家族のおかげと感謝をいつも言葉にして。家庭は自分がつくるもの。手間を惜しまず家族をサポートしましょう。

太陽線と接する❺
人が驚く 玉の輿の相

太陽線（→ p.120）が出ている人で、結婚線が太陽線まで長く伸びて接している場合は、玉の輿の相です。周囲が驚くような大物、地位や名誉のある人が結婚相手になるでしょう。豊かさを手に入れますが、そのぶん苦労もあるので、夫婦で心をひとつにすることが大切。

Advice
幸せに導くアドバイス
独身のころから常に自分磨きを。いろいろ学んで、コミュニケーションスキルを高めましょう。なにごとにも負けない強い心と体をもち、人のために尽くしてください。

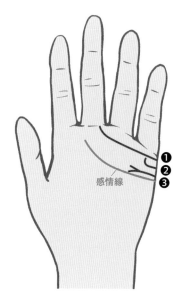

感情線

中指の付け根に伸びる❶

相手を束縛する
独占欲タイプ

線が長く伸び、中指の付け根に達している場合は、独占欲が強く、相手を束縛する結婚になりそうです。相手がなにをしても懐疑的になるので、ケンカが絶えず夫婦仲が危機的になることも。相手に関心がいきすぎないように、熱中できることをみつけましょう。

Advice
幸せに導くアドバイス
結婚しても、相手は他人。大切なのは自分をかわいがり、大事にすることです。相手のことばかり気にしてイライラするよりも、自分磨きを！自分のことを充実させましょう。

急な上向きの短いカーブ❷

そもそも独身向き

結婚線が短く、しかも急な角度で上向きにカーブしている場合は、結婚を選ばずに、独身を通すことをあらわしています。家庭向きではなく、ふたり暮らしよりもひとりのほうが気楽だと思っています。もし結婚しても、別々に暮らす道を選ぶかもしれません。

Advice
幸せに導くアドバイス
もし結婚を願うなら、「結婚する」とまわりに宣言すると、運が変わってきます。相手に完璧を求めがちなので、その人の好きなところや、よい部分だけをみるように。

先端がふたつにわかれる❸

別居の暗示

線が途中からふたつにわかれる場合は、別居や、同居していても夫婦関係がない生活を意味します。別れたくないときは、相手を思いやって感謝の言葉や、やさしい気持ち伝えるようにすると、状況はよい方向へ変わっていくでしょう。

Advice
幸せに導くアドバイス
結婚の形もさまざま。ふたりにとって心地よいようにするのがベストです。理想の形も時間の経過とともに変わるので、お互いに無理のないように整えていくとよいでしょう。

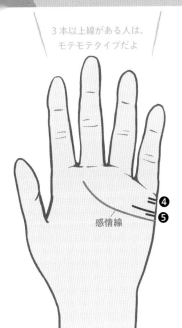

3本以上線がある人は、
モテモテタイプだよ

感情線
④
⑤

はっきりと2本ある❹

人生に大きな影響を
与える恋愛

はっきりとした、濃い結婚線が2本ある場合は、結婚を考える相手と2度出会うことをあらわします。相手が違う場合以外にも、同じ人と再婚したり、同棲もカウントします。結婚直前で話がなくなったケースも、縁があった人として1回にカウントします。

Advice
幸せに導くアドバイス
たとえ2本の線があっても、1度目の結婚生活に問題がなければ、2度目がないままの場合もあります。数にとらわれず、出会いを大切にしましょう。

違う長さが2本ある❺

落ち着かない
結婚生活

長さの違う線が2本ある場合は、不倫や三角関係に陥りやすい相です。長い線の下に短い線があるケースだと、結婚前につき合ったほかの人を忘れられない暗示。長い線の上に短い線があるケースは、結婚後の浮気をあらわします。気になる人とふたりきりにならないなど対策を。

Advice
幸せに導くアドバイス
刺激が好きなので結婚制度が合わないのかも。ただ、絶対にまわりの人に迷惑をかけてはいけません！自分の傾向を自覚して行動しましょう。

結婚線がない

結婚に興味がない

結婚に関して興味が薄いことをあらわしています。線がないから一生結婚しないというわけではなく、出会いがなかったり、気持ちが本気ではない、愛情の注ぎかたがわからないなどが理由で線が出ないことも。ほかの線がしっかりしていれば結婚する可能性はあります。

Advice
幸せに導くアドバイス
結婚したいなら「絶対に結婚する！」と、毎日強い気持ちで縁を願いましょう。そうすることで結婚へと導くエネルギーが引き寄せられます。

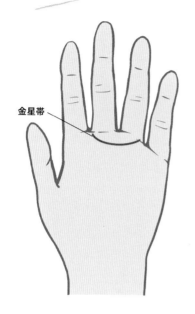

金星帯

その他の線

金星帯をみる

性的な関心度や
恋愛パターンがわかる

人差し指と中指の付け根の間から、薬指と小指の付け根の間に渡るカーブが金星帯。1本できれいにつながっているケースは少なく、ほとんどは途中で切れています。金星帯のはじまりや、線の様子で、恋愛におけるパターンや性的なことへの関心度などがわかります。

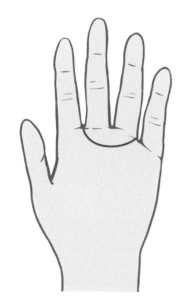

切れ目のないカーブ

本能のおもむくまま

線の切れ目がなく、カーブを描いている人は、性的に奔放で本能のままに欲求を満たすタイプです。倫理観や節度といった感覚はなく、複数の人とつき合ったり、なりゆきで関係を結ぶことも。トラブルにならないように、相手をきちんと選びましょう。

Advice

幸せに導くアドバイス

バイタリティはかなりなもの。常に相手を引き寄せます。ただ、自分の好みではない人も引き寄せてしまいます。服装は露出が少ないものを選ぶなど、気をつけましょう。

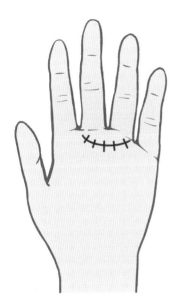

縦線が入っている

欲求不満になりそう

金星帯の線上に短い縦線が入っている場合は、かなり性欲が強いことをあらわしています。激しいセックスを好むので、同じ好みの相手を探しましょう。みつからないときに、欲求不満になって衝動的に行動しないよう気をつけて。

Advice
幸せに導くアドバイス

性的な欲求が強すぎて、理性的に行動することが難しいときがあります。トラブルが起きないように、冷静なふるまいを！自分の家庭や仕事が円滑に進むよう気を配りましょう。

短い線が何本もある

恋愛関係にルーズ

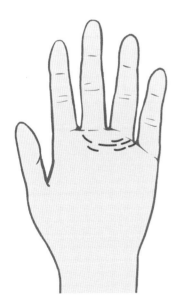

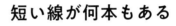

短い線が複数重なるようにして、薬指と小指の間へ流れる場合は、恋愛に対してルーズなことをあらわしています。いろいろな人と性を楽しみたいので、ひとりだけでは満足できず、関係が複数になりがち。セックスを生きるエネルギーにするタイプです。

Advice
幸せに導くアドバイス

楽しむのはよいのですが、多数の人と関係をもつことで負担もかかります。心身の調子をくずさないように、対策をして自分を防御しましょう。

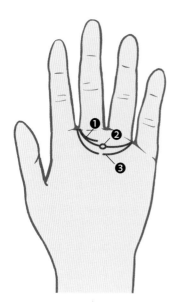

線が途中で終わっている❶

相手に一途！
浮気はなし

金星帯が人差し指と中指の間からはじまって、途中で線が終わっている人は、性的な魅力がありつつも、さわやかな印象を与えるタイプです。節度があり、恋愛だけに夢中になるということもないので、バランスがとれた性格のよい人格です。ひとりに一途で、浮気はしません。

Advice
幸せに導くアドバイス
上品で性的な魅力にあふれ、だれもが憧れる存在です。その輝きが変わらぬように、自分を磨き続ける努力を。ファッションが地味になりやすいので華やかさをとり入れましょう。

「島」がある❷

恋にじゃまが
入ってしまうかも

線上の途中に「島」がある場合は、大恋愛を経験するも、なんらかの障害によって叶わぬ恋になることを暗示しています。まれに、乗り越えるケースもありますが、ほとんどは別れることになり、精神的ダメージにつながりそう。

Advice
幸せに導くアドバイス
恋愛は、お互いが誠実に愛していても、運命のいたずらでうまくいかないこともあります。たとえ別れてしまっても、恋愛は上書き保存！ 新しい人を見つけましょう。

線のまんなかあたりが
切れている❸

セクシーで
魅力あふれる

線がはっきりカーブを描いて、まんなかあたりで切れ目がある人は、セクシーな魅力があります。性を大切に考えており、衝動的には動きません。セックスは大切なコミュニケーションとして、時間をかけてお互いが楽しめるように努力します。

Advice
幸せに導くアドバイス
見た目がよいので、たくさんの人からモテます。遊んでしまうと思わぬ大きなトラブルへと発展するので、行動は慎重に。本命以外の人とは距離をもって接しましょう。

線が中指と薬指の間で短い❹
夢見がちで遊びたがり

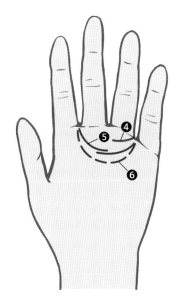

金星帯の終わり部分、中指と薬指の間からだけ短い線が出ている人は、遊び人です。夢ばかり語って働かず、遊ぶことには積極的。社会になかなか順応できないタイプです。また、人に依存しがちなので、周囲の意見に左右されやすいという傾向があります。

Advice

幸せに導くアドバイス

だれかに依存し、人によって自分の人生が左右されるのは悲しいことです。自分の人生は自分で切り開こうという強い気持ちをもって、できることを探すとよいでしょう。

左右からの線が
1本にならない❺
相手から大きな
サポートが

人さし指と中指から出る線と、小指と薬指から出る線がまんなかで切れて2重になっていたら、特殊なケースです。この相をもつ人は大変な努力家。高い志をもち、周囲にも恵まれ、自分を成長させてくれる相手から大きなサポートを受けます。

Advice

幸せに導くアドバイス

ついがんばってしっかりした自分をみせがちな面も。ときには頼るそぶりもみせることで、相手も喜ぶはず。関係がより深まるでしょう。

ところどころ切れている❻
相手を
のりかえがち

ところどころ線が切れている場合は、異性を次々に乗りかえることをあらわしています。性的関心も強く、浮気をくり返しがちなので、結婚となると難しくなります。

Advice

幸せに導くアドバイス

性的なことへのハードルが低いため、相手に利用されてしまうときがあります。いつも自分がナンバーワンでいられるように、まずは自分を好きになり自信をもつこと。自分の価値は自分で決めましょう。

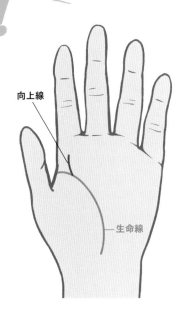

生命線から人さし指に向かって
流れる線だよ！

向上線

生命線

その他の線

向上線をみる

忍耐力や持続力
努力する時期をみる

生命線から人さし指の方向に伸びるのが向
上線です。線の始点が、開運する年をあら
わします。生命線の流年法 (→ p.98) と照ら
し合わせてみると、その時期が何歳ごろな
のかがわかります。開運するために、いつ
努力をすればいいのかをみつけましょう。

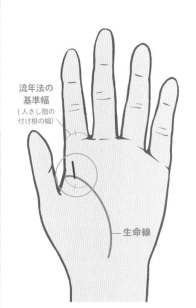

流年法の
基準幅
(人さし指の
付け根の幅)

生命線

「基準幅」内からはじまる

15〜20 歳ころの
がんばりが花咲く

人さし指の付け根の基準幅から出ている場合、生命線
の流年法 (→ p.98) でみると、15 歳〜成人するころを
示します。人生の目標をみつけたり、受験や就職など
未来に向かってがんばる時期になります。線の濃さは
努力度をあらわし、色が濃くなるほど努力したことに
なり、開運度も上がります。

Advice

幸せに導くアドバイス

まじめに努力していますから、年齢を重ねるほど人生が花
開きます。老若男女かかわらず、人の話をよく聞いて、謙
虚な姿勢で学び続けることで、さらに開運するでしょう。

「基準幅」の2倍内からはじまる

20代で目標をみつける

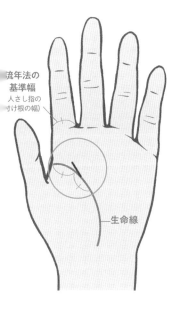

流年法の
基準幅
（人さし指の
すけ根の幅）

―生命線

人さし指の、付け根の基準幅2倍以内から出ている
場合、生命線の流年法 (→ p.98) でみると、20歳代
を示します。この時期に努力をして開運します。色
が濃いほど努力をしたことになり、線が長いほど目
標に向かう決意が固くなります。ほとんどの場合、
仕事で実を結ぶでしょう。

Advice
幸せに導くアドバイス
忍耐力があり、多少のトラブルでは動じない心の強さもあり
ます。自分を信じる力は人一倍ですから、人生で大きなこと
を成すでしょう。「自分は天才！」と毎日力づけましょう。

「基準幅」の2倍外からはじまる

30代以降着実に
成功を手にできる

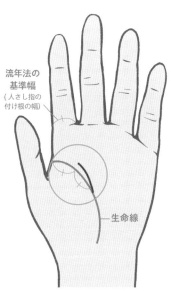

流年法の
基準幅
（人さし指の
付け根の幅）

―生命線

人さし指の、付け根の基準幅2倍以上から出ている場
合、生命線の流年法 (→ p.98) でみると、30歳代以降
を示し、この時期に努力する相です。長年の夢を30
代になってもあきらめずに進むことで、のちに大きな
幸せをつかむことができるでしょう。研究者などにみ
られる、地道な仕事が認められる相です。

Advice
幸せに導くアドバイス
目先のことにとらわれず、10年単位での長期的な目標を立
てましょう。クリアするためにはいま、なにに取り組むべ
きなのかを逆算して、するべきことをこなしていって。

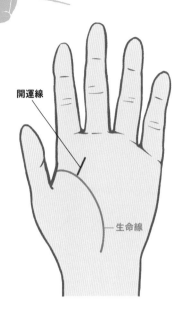

生命線から中指と薬指の
方向に伸びる線だよ！

開運線

生命線

開運線をみる

人生のよい転機や
開運時期をみる

開運線は、生命線から中指と薬指の方向に
のびる線です。運が開ける時期は、流年法
（→ p.98）で照らし合わせます。結婚やマ
イホーム購入、開業、独立などの人生のよ
い転機、どのような成功をするか、支援者
があらわれるかなどがわかります。

開運線が短い❶

始点の時期に幸せが

短い開運線が生命線から出ている場合、流年法
（→ p.98）でみたとき、開運線の始点の時期に開運す
ることをあらわしています。恋愛、結婚、出産など
の幸せなできごとが起こるでしょう。

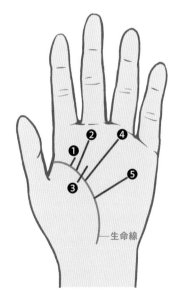

生命線

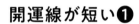

Advice

幸せに導くアドバイス

「人生のイベント」はできるだけ盛大に祝って！ イベントを
大切にするのは重要です。自分に自信と責任が生まれ、周囲
の人との関係も良好になります。仕事運や家庭運もアップ！

開運線が長い❷
始点の時期に
大開運

長い開運線が生命線から出ている場合、流年法（→ p.98）でみたとき、開運線の始点の時期に人生を大きく変えるような大開運がやってくることをあらわしています。その後は人生が順調に流れる一方で、実際には多忙になるので、体調管理に気をつけて。

Advice
幸せに導くアドバイス
忙しくなり、自分が楽しむ時間をあまりもてなくなりそうです。常によい心と体の状態でいるためにも遊びは大切。楽しい予定を先に入れて、仕事を調整しましょう。

生命線の内側からはじまる❸
親のサポートで
苦労しらず

開運線の始点が生命線の内側にある場合、流年法（→ p.98）でみたとき、開運線と生命線が交わる地点で、身内のサポートを受けて開運することをあらわしています。身内といっても、ほとんど親の場合が多いよう。大人になっても、費用面で親からのサポートに恵まれます。

Advice
幸せに導くアドバイス
親に感謝しながら、恩恵を最大限にいかして自分のやりたいことをやりましょう。守られた環境のもと一生安泰。家族が楽しめるイベントを計画すると、より家運もアップ！

薬指方向に線が伸びる❹
努力のあとに
大開運

チャンスに恵まれて、大開運することをあらわしています。時期は流年法（→p.98）でみましょう。積み上げてきた努力が報われ、名声や名誉を手にして、注目される人物になるかもしれません。得意分野を伸ばし、目標をもてばさらに運は開けていくでしょう。

Advice
幸せに導くアドバイス
思ったことはなんでも叶える力があります。できるだけ大きなことを望んだほうがよいでしょう。自分が幸せになると、まわりの人たちも幸せになります。プラス思考で進みましょう。

生命線の中心より下からはじまる❺
40代以降で
大器晩成

生命線の中心より下から開運線がはじまるということは、流年法（→ p.98）でみると 40 代以降を示します。そのころに、努力が報われて開運するでしょう。また開運線が中指に伸びていれば運命線（→ p.104）、薬指に伸びていれば太陽線（→ p.120）として判断しましょう。

Advice
幸せに導くアドバイス
一見開運時期が遅いようですが、それまでも運勢は悪くありません。自分のやりたいように物事は進みます。同じくらい強運の人をみつけて積極的にかかわって。

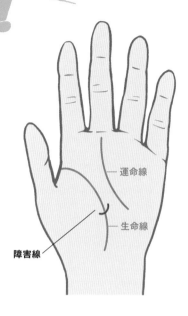

生命線または運命線を横切る
短い線だよ！

その他の線

障害線をみる

なんらかのトラブルを
暗示する

障害線は、生命線や運命線を横切る短い線です。線は、生命線や運命線に対してゆるやかなU字形のカーブを描いたり、直角に交わります。人生において避けては通れない思いがけないトラブルやケガ、病気などを暗示します。

運命線

生命線

障害線

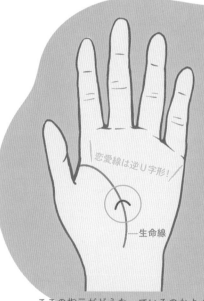

恋愛線は逆U字形！

生命線

恋愛線と似ていて
みわけがつかないときは

　生命線を横切る短い線はほかにもあります。そのひとつに恋愛線（→p.136）があり、障害線とよく似ています。
　障害線は5mmより短い、薄くて浅い線で、単独であらわれます。生命線や運命線に、ほぼ直角に交わるか、カーブしている場合はU字形です。それに対して恋愛線の場合は、逆U字形です。障害線はU字のカーブと覚えましょう。

ここの指示がどうなっているのかよく
わからないので再度お願いします

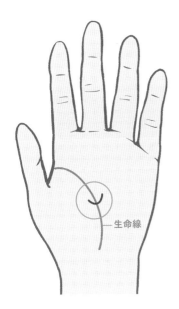

生命線

U字形のカーブで横切る

生命のピンチ

U字形の障害線の場合、生命線の流年法（→ p.98）で示された時期に、生命にかかわるようなトラブルがあることを暗示しています。1回だけでなく、同じ時期に何度か起きるかもしれません。時期がわかっているので、回避するため慎重に行動するなど、対策をしておくとよいでしょう。

Advice 幸せに導くアドバイス

自分の気がよくないと感じたときには、邪気をとり除くため、両手に塩を振りかけて洗いましょう。たくさんの人に会ったあとにも、多くの気を背負いやすいので塩で浄化を。

直角に横切る

運気を乱すトラブル発生

生命線に障害線が直角に入っている場合、流年法（→ p.98）で示された時期に、運気を乱すようなトラブルが起きることをあらわしています。結婚をしている場合は離婚をしたり、突然払いきれないような出費に見舞われたり。いまの生活を見直し気持ちを強くもって乗りこえましょう。

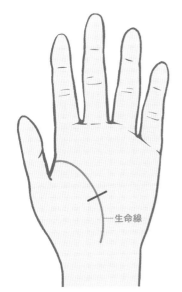

生命線

Advice 幸せに導くアドバイス

この線は後天的にできるので、ある日突然出現します。みつけたら、早めにいまの生活や自分の心もちをチェックし、問題点を解決しましょう。トラブルも最小限となります。

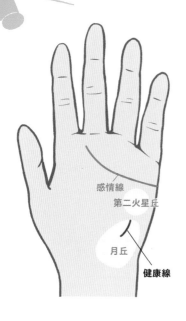

月丘から始まり第二火星丘に
向かう線だよ！

感情線

第二火星丘

月丘

健康線

健康線をみる

体の状態や病気がわかる

健康線は月丘からはじまります。線は第二火
星丘へ、感情線の始点の方向へと流れます。
そのときの健康状態や疲れ具合、病気に関す
る情報をみます。また、注意するべき器官に
ついてもわかります。そのときどきの状態で
線の様子が変化するので、体調のバロメー
ターとして観察するのもよいでしょう。

健康線が出ていない

いまのところは
元気いっぱい

線がないということは、健康状態がよいことをあらわ
しています。健康線が出ていなければ、すぐに病気を
心配するようなことはありません。ただ、生命線に「島」
や乱れがある場合は、この先に体の不調が発生する可
能性がありますので、気をつけてすごすとよいですね。

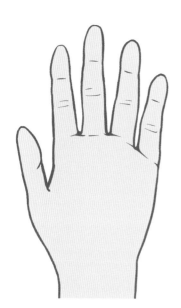

Advice

幸せに導くアドバイス

健康な状態を維持するためにも、普段からよく動き体力をつ
けましょう。朝の太陽光を浴びるようにすると、エネルギー
をたくさん得られて気持ちも明るく、体調も整うでしょう。

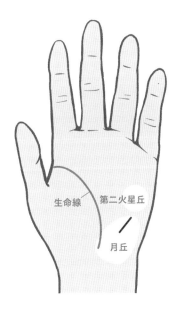

生命線　第二火星丘

月丘

まっすぐな線が出ている

問題なし！

まっすぐな健康線が出ている場合は、健康状態が普通通りで、とくに問題がないことをあらわしています。ただし、線が伸びて長くなったり、生命線と交わって突き抜けるようになったりすると、体調不良になる暗示。大きなトラブルになる前に、早めに対処して防ぎましょう。

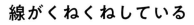

幸せに導くアドバイス

健康は簡単に損なわれます。いまはだいじょうぶだからといって暴飲暴食や睡眠不足を続けると、体調不良の原因に。体は神様からの借りものですから、大切に扱いましょう。

線がくねくねしている

体調不良が起きやすい

健康線がくねくねしている場合は、もともと体が弱い、または虚弱体質であることをあらわしています。ちょっとしたことで体調を崩し、とくに胃腸など消化器が弱いので、腹痛などが起きやすいのではありませんか。頭の血管や神経などのトラブルも起きがちです。

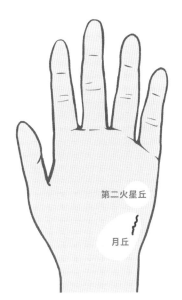

第二火星丘

月丘

Advice

幸せに導くアドバイス

少しずつ体力をつけることからはじめましょう。まずは形から、スポーツウェアをそろえ、楽しく動く習慣をつけて。どんどん健康になり、運気も上がります。

PART
2　丘と線をみる　その他の線／健康線

手相をよくするアプローチ
chapter 2

少しの工夫で、さらに理想的な手相に近づけましょう。

手の動きで、エネルギーを調整しましょう

ふだん、何気なく手を使っていると思いますが、ちょっとしたことで運気はぐんとアップします。

ひとつめは、指をそろえる習慣をもつこと。指と指をピタッとそろえて動かすことが大事です。

指と指の間が離れていると、入ってきたものはどんどんすり抜けていってしまうので、仕事運や金財運が上がりません。

物や人を指すときも、いつでも指をそろえること。人さし指だけで指すと、人さし指の先から強いパワーが出てしまうので気をつけて。指をそろえて指すようにすることで、相手のエネルギーも高められますよ。

いい相をペンで描いてみましょう

手相の線は、エネルギーの流れをあらわします。ここに線を書き加えることで、実際に線があるのと同じような効果を得られます。こうなりたいと思う線を、ペンで描いてみましょう。

たとえば、結婚したいけれど結婚線がない場合には結婚線を、成功したいけれど太陽線がなければ太陽線を、きれぎれの財運線をもっとよくしたければ上からまっすぐな財運線を描くといったように、理想の手相を自由に描いてみてください。

ペンの色はゴールド、オレンジ、ピンクなど明るいものがおすすめです。

PART
3

よくある相談から
手相をみる

生きていると、いろいろな悩みが出てきます。ここ
では、よくある相談を人間関係運、仕事運、金運、
健康運、恋愛・結婚運にわけて、みるべき部分や代
表的な手相をレクチャーします。

人間関係運 をみるときは

生きていくうえで、もっとも大切なことのひとつが人間関係。
どうやったら人とうまくつきあっていけるのか
自分はどんなタイプなのかをみていきます。

チェックするのは…

横三大線 (→ p.50)　運命線 (→ p.104)　親指の曲がりかた

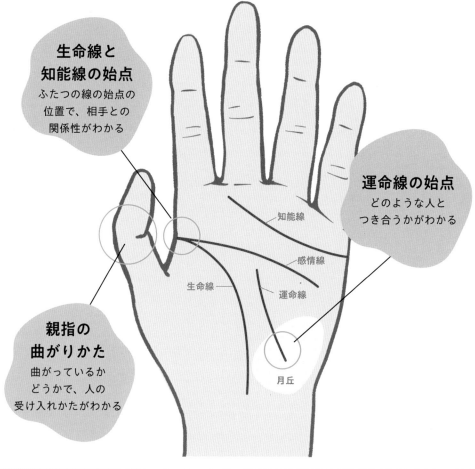

**生命線と
知能線の始点**

ふたつの線の始点の
位置で、相手との
関係性がわかる

運命線の始点

どのような人と
つき合うかがわかる

知能線

感情線

生命線

運命線

**親指の
曲がりかた**

曲がっているか
どうかで、人の
受け入れかたがわかる

月丘

生命線と知能線の　始点をみる

人間関係で、もっとも重要なことは、どのような相手とつき合うかです。生命線と知能線の始点がくっついている人は慎重派です。相手からアプローチをされると、本当にこの人とつき合ってもいいのか慎重に考えます。生命線と知能線の始点が離れている人は、積極的なタイプ。自分からアプローチして、好きな人とつき合います。

運命線の　始点をみる

運命線の始点によって、つき合う人のタイプがわかります。運命線が月丘から出ている人は、人気があり目上の人や力のある人にかわいがられ、そのうえ相手にも喜びを与えられます。手首側のまんなかから運命線がはじまっていたら、人の力をあてにせずなんでも自分でできる人。そのぶん、交友関係は広がりにくくなる面も。

とくにここに
注目しましょう

親指の　曲がりかたをみる

親指の自然な状態をみることで、人の受け入れかたがわかります。親指が大きく曲がっている人は、相手のいっていることや、考えを受け入れにくいタイプ。親指がまっすぐな人は、相手を受け入れ良好な関係を築けます。親指が反っている人は自分の考えがなく、人のいうことを聞きがちです。

次のページから
お悩みに対する
ベストな相と
気をつけたほうがいい相
を紹介するよ

まわりとうまくつき合えるようなりたい

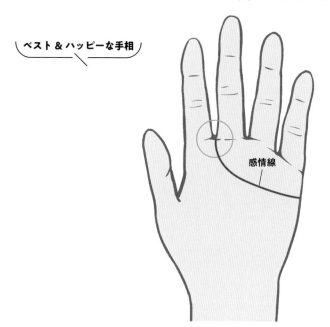

ベスト & ハッピーな手相

感情線

感情線が人さし指と中指の間に入りこむ

距離感が抜群で
すぐになかよくなれる

情緒が安定していて人との距離をとるのがじょうずな人です。人となかよくなるのにも、時間をかけてゆっくり関係を構築します。友人との間に問題が起こっても、自分の感情は出さずに状況をよくみて行動します。そのため、大きなトラブルには発展しません。信頼関係ができると長いつき合いになるでしょう。

Advice

幸せに導くアドバイス

相手の性格をよくみながら自分も合わせられるので、ほかの手相があまりよくなくても対人関係で苦労はありません。相手のよいところをみつけたら、きちんと口に出して伝えましょう。さらに、よりよい関係が築けますよ。

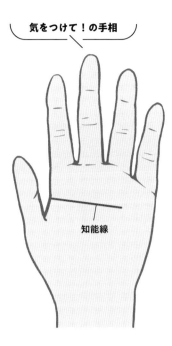

気をつけて！の手相

知能線

知能線がストレートに伸びる
ストレートな発言に注意して

周囲にうまくなじめないと感じるのは、あなたのストレートな発言のせいかも。この相の人は、感情表現に丸みがなく、頭に浮かんだことをそのままいってしまいがち。相手が傷ついても、あなた本人は気づいていないのでは。悪気がなくても、誤解されてしまうかも。

Advice
幸せに導くアドバイス

言葉は発してしまったら取り返しがつきません。その重みを考えて、なにかをいう前に、いっていいことか悪いことかを考える習慣を。ボキャブラリーも増やして相手を不快にさせない、やさしい会話を心がけるとよいですね。

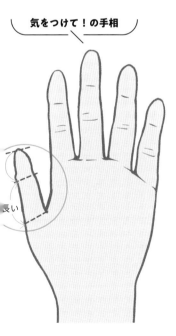

気をつけて！の手相

長い

親指の第2関節が長い
理屈を通そうとする

親指の第2関節が第1関節より長い人は、自分の考えを曲げないところがあります。理屈が通らないことは納得せず、理詰めで話すため、まわりに距離をおかれてしまうかも。本人は正しいことをいっただけと気にしなくても、うまく周囲にとけこめていないことも。

Advice
幸せに導くアドバイス

人とコミュニケーションをとるときに、相手の主張をきちんと聞いてから、自分の主張は少しにするくらいにしてみて。会話をするときは、自分の正当性ではなく相手が自分といて楽しいかどうかに気を配ると、自然とまわりとうまくいくでしょう。

信頼できる友だちや親しい人がほしい！

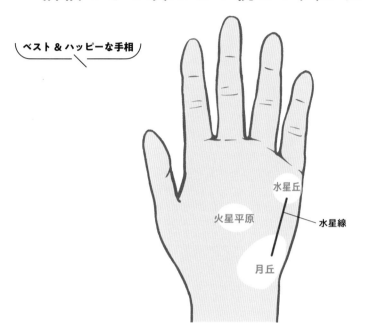

ベスト & ハッピーな手相

水星丘

火星平原

水星線

月丘

水星線が長くはっきり出ている

なかよしがたくさんできる

水星線とは、生命線の上（または月丘、火星平原、第2火星丘）から、小指に向かって伸びる線のこと。この線が長くはっきり出ているのは、コミュニケーション能力が高くじょうずに人との関係を築くことができることをあらわします。出会った人が自分にとっていい人か悪い人かを瞬時に見抜く目をもっていて、相手のために自分ができることは一生懸命やりますから、信頼関係ができやすく、いい仲間に発展します。

Advice

幸せに導くアドバイス

いい仲間に恵まれますが、人との距離感には注意しましょう。交流が多いゆえに、いろいろな人がそばにやってきます。自分の情報を明かしすぎないようにし、人との間に線を引くことが大切です。話さなくていいことをいわないように、できるだけ相手を中心にした会話を心がけて。

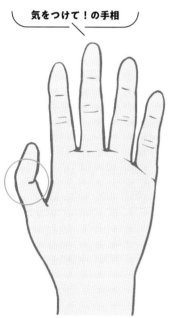

気をつけて！の手相

運命線

運命線が手首側の中央から伸びている

ひとりでなんでも解決

人の助けを借りることなく、自分ひとりでなんでも解決します。なにごとも器用にこなしていくために全部自分でかたづけてしまい、なにかしてもらうのをよしとしないことが多いのではありませんか。仲間をつくるため、人に頼ることを覚えましょう。

Advice
幸せに導くアドバイス

人は頼られるとうれしいと感じます。なにかやってもらうようりも、やってあげたほうが大きな喜びになるからです。人との関係を深くするために、相手を信頼して、力を借りてみて。

気をつけて！の手相

親指がかなり内側に曲がっている

人の話を聞かない

わがままで、自己中心的な性質をもっています。人の話を、聞いているフリはしても気にしていないのが、相手にも伝わっていますよ。自分の殻に閉じこもっていると、声もかかりづらく、仲間もなかなかできにくくなります。逆に信頼できない人が近寄ってくる可能性があるので、だまされないよう注意して！

Advice
幸せに導くアドバイス

人は同じタイプが近づいてきやすいものです。信頼できる人と出会うためには、まずは自分が信頼できる人になることからはじめましょう。親指をよくマッサージし、もみほぐすと、心も柔軟になりますよ。

人間関係のお悩み ❸

人にどう思われているか不安

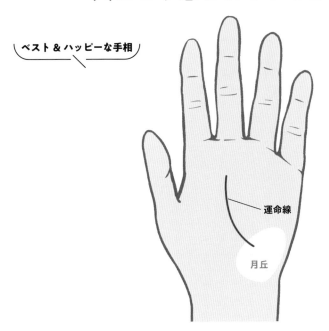

ベスト & ハッピーな手相

運命線

月丘

運命線が月丘から出ている

魅力的で人気もの

運命線が月丘から出ているのは、まわりから人気のある証拠。あなたが親しみやすく魅力的なことをあらわします。人に恵まれて、人の力で人生がうまくいきます。この線が出ている場合は、思っているほど人にきついことをいっていないので心配ありません。相手はあなたの気持ちを理解してくれています。これからも変わらずサポートをしてくれて助けてくれるでしょう。

Advice

幸せに導くアドバイス

大切なのは笑顔です！ 発言する前に笑顔を心がけて。そうすれば、同じ言葉でも印象がガラリと変わり、やさしく聞こえます。強いことをいってもよいか心配になることもあるかもしれませんが、人のために行動することで、あなたの信頼が高まります。

162

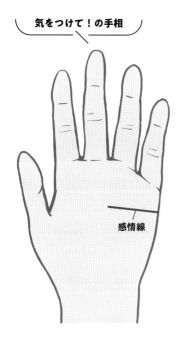

気をつけて！の手相

感情線

感情線が短くてまっすぐ

そっけないと思われがち

感情線がまっすぐ入っていたら、感情の起伏が少ないタイプ。物事に冷静なのはよいものの、表現力に欠けるため、冷たい印象を与えるかも。そもそもあまり人に関心がないため、そっけない態度をとりがちです。自分のいったことが、本当の気持ちとは別の意図にとられやすいタイプ。相手に誤解を与えてしまうことも。

Advice
幸せに導くアドバイス

会話は情報伝達ではなく、気づかいです。意識して「ありがとう」など、ポジティブな言葉を使うようにしてみて。人との関係も良好になります。積極的に行動しましょう。

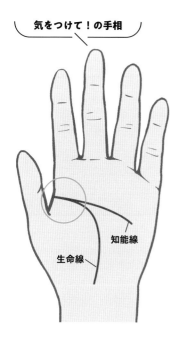

気をつけて！の手相

知能線

生命線

生命線と知能線の始点が長く重なる

ぶっきらぼうになりがち

愛想がなくて、発言がぶっきらぼうになりやすい性格。人づき合いでは、自分からなにかをすることがあまりありません。いつも人にしてもらうのを待っていませんか。お膳立てしてもらったところにのることが多くなると孤立しがちになってしまいます。

Advice
幸せに導くアドバイス

人をあてにするくせを直すことからはじめましょう。年齢を重ねても人づき合いは大切。人に頼ったら、その倍にして返すつもりで、自分もなにかできることはないか考えてみて！感謝をつねに伝えるようにしましょう。

人間関係のお悩み ❹

疎遠になった人ともう一度なかよくしたい！

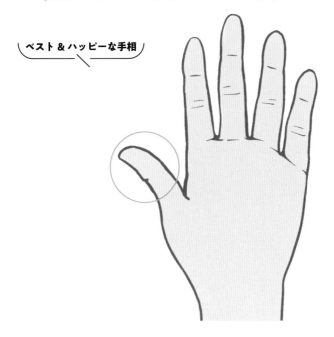

親指が外側にそっている

人のいうことが素直に聞ける時期

親指が外側にそっているのは、がんこさが消えて、人のいうことを聞く心になっていることをあらわします。自分の意見を通しすぎず、相手の立場になってものを考えられ、うまく会話ができる状態です。以前トラブルがあった人ともうまくいくチャンス！ ただし、なんでも人の考えを受け入れすぎているところもありそう。ストレスをためないよう注意です。

Advice
幸せに導くアドバイス

人には心のなかまではわかりません。表面的だけでも柔軟な態度をとればいいのです。ずっと会わなくてすむ人なら放置してかまいませんが、また会う可能性があるなら関係をよくしたほうが、自分のストレスは少なくてすみますよ。人のためというより、自分のためにわだかまりをなくしましょう。

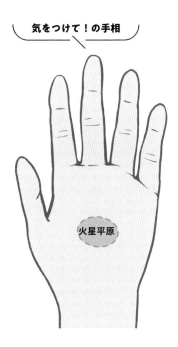

気をつけて！の手相

火星平原

火星平原が盛り上がっている

感情をおさえられず
ケンカするかも

火星平原は知能線の通り道。普通はへこんでいて、盛り上がらない部分です。ここが発達しているなら、感情を理性ではおさえきれず、ケンカをしやすくなっています。冷静に行動ができないと、トラブルが絶えず、周囲を振り回すこともありそうです。

Advice 幸せに導くアドバイス

感情が表に出やすいので、直接会って話す前に、手紙やメールなど文字で気持ちを伝えるといいでしょう。燃え上がる感情をおさえるためにも、ボクシングや空手など戦うスポーツを趣味にしてみては。

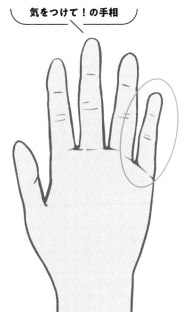

気をつけて！の手相

ほかの指より小指が細い

自分の気持ちを
うまく伝えられない

コミュニケーションに弱点がありそう。自分が思っていることを人に伝えることが苦手で、誤解が生じがちです。トラブルにると、解決するのではなく、その場から逃げてしまっていませんか。その結果、人とケンカをすると、そのままになってしまうことが多いようです。

Advice 幸せに導くアドバイス

考えをうまく伝えられず、話をちゃんと聞いているのに、そうみえないときがありそう。あいづちや返事など、もっとリアクションを大きくしましょう。相手の立場に立って考えると、気持ちが伝わるかもしれませんよ。

人にふりまわされず
自分らしくふるまえるようになりたい

ベスト & ハッピーな手相

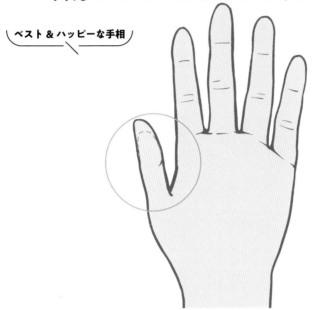

親指が長い

自分の意見がはっきりしている

親指が長いのは、自分の意見がはっきりしていて自分を通せることをあらわします。さらに指先が丸ければ、人とむやみにぶつかることはありません。うまく交流をしつつ、人の意見に流されない強さをもっています。とくに第1節間が長いなら、だれかの行動や言動も「人は人」とまったく気にならないでしょう。相手の態度が変わったときも、「去るもの追わず」の精神です。

Advice
幸せに導くアドバイス

自分の正しいと思うことをすれば OK。相手が去っていったときは縁がなかったと割り切りましょう。主張が強いので組織に適応するのが難しい場合もありますが、いちいち気にしないこと。自分で独立して、なにかをするのにとても向いています。

運命線

運命線がくねくねしている
人にふりまわされやすい

人の意見に左右されやすく、しなくてもいい苦労をみずから背負う傾向があります。人助けをしようとして、自分が苦しい立場に立ってしまうこともあります。自分らしく生きたいと行動をすることもありますが、根気が続かずやめてしまいがちです。自分の力量をよく考えて、できることをやればOKとしましょう。

Advice
幸せに導くアドバイス
苦労は買ってでもしろといわれますが、しなくてもいいことはやめてしまいましょう。苦労しすぎると、性格も変わってしまいます。自分の辛い話ばかりする友だちも要注意！距離をとったほうが自分の気を乱さないですみます。

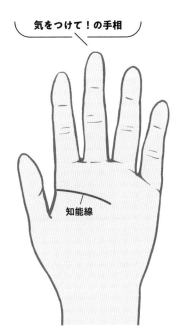

知能線

知能線が短い
人の影響を受けやすい

あまり考えないで、ひらめきで行動するタイプ。そのせいか、人の影響を受けやすい傾向があります。だれかがやっていてよさそうなことがあると、自分でもしてみようと思うことがよくあるのでは。また、損得勘定抜きで人づき合いできますが、そのぶん、知らず知らずのうちに自分が不利になることも。

Advice
幸せに導くアドバイス
思ってから行動するまでスピーディーなので、落ち着いて状況判断をしましょう。その場で答えを出さずに、自分が本当はどうしたいのか、よく考えてから返事をするようにすると、だんだん自分らしく行動できるようになりますよ。

人間関係で悩んでいるときは

手相がみんな違うように、常識もそれぞれ違います

　生きていくうえでもっとも大切なのが、人間関係。どんな人と出会ってどんな関係を築いていくかで、人は幸せにも不幸せにもなります。なぜなら、幸せは人が運んできてくれるからです。

　人と人とのつながりで、人生は切り開かれていきます。これだけ世のなかにたくさんの人がいて築かれていく人間関係は、ひとつひとつが特別であり、すべて違っていてすてきなものです。

　人間関係で悩んでいるだいたいの大元は、自分が思っていること違うことを、相手がするからです。自分の常識をいくら相手に求めても意味はありません。手相が人に

よってまったく違うのと同じです。

　手相を活用して、自分や相手の強みや弱みを知り、どんな人間関係を築けばいいのか考えてみましょう。自分をゼロにして、人の意見にのってみてみると、意外にいい結果が待っていることもありますよ。そして、どうしても難しい相手なら、距離をおいてしまってもいいのです。

　手相を最大限にいかして、積極的にいい人間関係をつくっていきましょう。いい人間関係をつくっている人は、手がしっかりしていて肉付きがあります。相手をしっかりとキャッチする余裕のある人が、人に恵まれるでしょう。

人間関係の運を
アップする習慣
1

困ったときは目を閉じる、
手をグーにするのがおすすめ

いやな人や苦手な人と離れることができればいちばんですが、そうできないときもあるでしょう。

どうしても同じ場所にいなくてはいけないなら、視界に入れないようにしてしまいましょう。みることで負のエネルギーを受けてしまうからです。目を閉じるのがいちばんですが、難しい場合は、できるだけ目にうつる範囲にいないようにすること。

手をグーにして握ると、さらに悪い気を受けなくなります。自分の判断を信じて、自分の身は自分で守りましょう。

人間関係の運を
アップする習慣
2

笑顔はもっとも有効な最強の相です

「人相」では、笑顔はどんな顔よりも強い顔であり、人間関係をよくするためにもっとも有効です。ただ、いつも笑顔でいられるほど、感情がフラットな人はほとんどいませんよね。とりあえずは「笑顔の仮面」をかぶりましょう。私は怒っています、泣いていますとかんたんにみせるのは、すきをつくっ

てしまうことでもあります。自分が有利に動くことができなくなってしまうのですね。ありのままの自分を受けれいてもらわなくてはダメということなありません。冷静になり、相手といい関係をつくりましょう。親しい人ほどきちんと礼儀をもって接するようにすれば、人間関係はうまくいきます。

仕事運 をみるときは

自分に向いてる仕事とはなんなのか、仕事中のミスを減らす方法など
仕事に関わる悩みや運勢をみていきましょう。

チェックするのは…

木星丘 (→ p.44)　知能線 (→ p.68)　感情線 (→ p.84)
運命線 (→ p.104)　太陽線 (→ p.120)

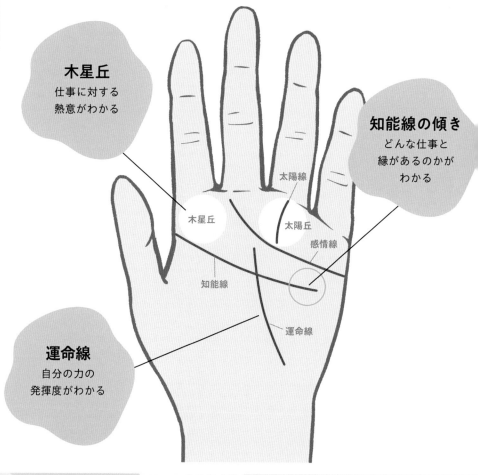

木星丘
仕事に対する
熱意がわかる

知能線の傾き
どんな仕事と
縁があるのかが
わかる

太陽線

木星丘

太陽丘

感情線

知能線

運命線

運命線
自分の力の
発揮度がわかる

運命線がある

運命線は、いまの生活で自分の力をどの
くらい発揮できているか、どのくらい充
実していると感じているかをあらわして
います。女性には出にくい線ですが、こ
の線があると使命感をもって仕事をしま
す。運命線が出ていなくても、充実した
仕事をしている人は、趣味を仕事にする
など楽しんで取り組めている人です。

知能線の傾きをみる

知能線の傾きぐあいによって、どんな
仕事と縁があるのかがわかります。まっ
すぐ横に入っているのは、金銭感覚が
抜群で、仕事がお金につながることを
あらわしています。知能線が下に向く
ほど、お金のことは考えずに、やりが
いを重視して仕事をするタイプ。先が
わかれている場合は、それぞれの専門
分野で活躍します。

とくにここに
注目しましょう

木星丘の発達をみる

木星丘がどのように発達しているかで、
仕事に対する熱意がわかります。木星丘
は野心や向上心があるほど盛り上がるの
で、仕事で成功するには大切なポイント
です。自分の好きなことを仕事にしてい
る人も発達しています。ここが発達して
いないと、仕事に関心が薄く、上昇思考
も強くありません。はりきりすぎずに仕
事をするのに向いています。

次のページから
お悩みに対する
ベストな相と
気をつけたほうがいい相
を紹介するよ

仕事のお悩み ❶

自分に合った仕事、転職、独立をしたい

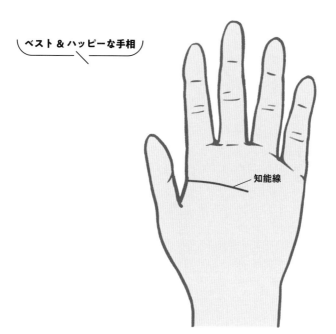

ベスト & ハッピーな手相

知能線

知能線が短め

自分に合った仕事をみつける

短めの知能線は、ひとつのところにじっとしてられない性格をあらわします。
仕事をだいたい覚えると、すぐに新しいことにチャレンジしたくなるタイプ。
つねに自分に合った仕事を探すことができ、いろいろな知識を身につけること
ができ、充実感を得られます。独立や転職に向いているタイプです。

Advice
幸せに導くアドバイス

思い立ったらすぐ行動してだいじょうぶです。あまりまわりの意見は気にしなくていいで
しょう。「これをしてみたい」と思うのは、自分のなかにある才能のあらわれです。自信
をもって進みましょう。

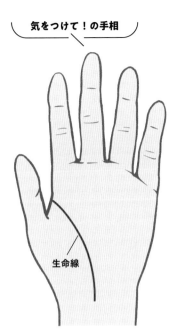

気をつけて！の手相

生命線

生命線のカーブが小さい

体力を消耗しないのが◎

自分に合う仕事が見つかるかどうかというよりも、エネルギーがそれほど強くないので、なにをしても疲れやすい傾向があります。その仕事が好きか嫌いかを考える前に、体力がついていきません。営業や肉体労働のように動きまわるものよりも、デスクワークのように室内で働ける仕事を選ぶといいでしょう。

Advice 幸せに導くアドバイス

デスクワーク中心といっても、仕事は体力気力が重要。体をきたえていけば心も運も変化しますから、体づくりを習慣化しましょう。また疲れが出たときには、はやめに休んで回復することに集中して。

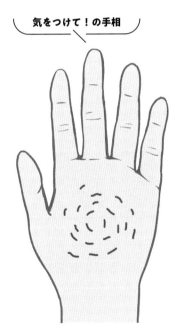

気をつけて！の手相

全体に細かいシワがある

いつも仕事で悩むタイプ

手全体に細かいシワがあるのは、仕事でいつも悩んでいることをあらわします。人一倍繊細なので、仕事で数字を出せなかったり、対人関係で疲れてしまったりしているのではないでしょうか。毎日、特定のところに通って悩みをかかえるより、気分転換のできる仕事のほうがよいでしょう。

Advice 幸せに導くアドバイス

勉強したり資格をとるなどして、自分のペースで進められる仕事を選びましょう。はじめから自分の限界を決めずに、なりたい自分を強くイメージして、がんばるとよいでしょう。

仕事のミスを減らしたい

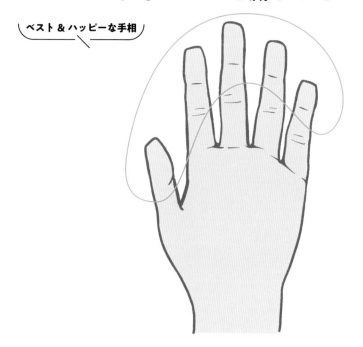

ベスト & ハッピーな手相

指先が四角い

ミスが少なく気持ちがフラット

気持ちがフラットで細かいところにまで気がまわり、仕事にとても向いている相です。気分の浮き沈みも少なく、いつも安定した調子で仕事に向き合うことができます。この相でミスが出るのは、疲れが原因の場合が多いでしょう。オーバーワークになっていないかチェックして、しっかり休みをとりましょう。

Advice

幸せに導くアドバイス

仕事をしていると、どんなに気をつけていてもミスは必ずあるものです。あらかじめしっかりとした準備をするのはすばらしいことですが、ミスも想定して臨機応変に、落ち着いて対応できるようにするとよりよいでしょう。

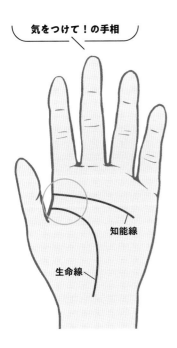

気をつけて！の手相

知能線

生命線

生命線と知能線の始点が大きく離れている

集中できずミスが多い

なにごともおおざっぱに行動するタイプ。好奇心が旺盛で、いろいろなことに関心あり、そのぶん、集中力が持続しません。デスクワークはとくに苦手！メモをしたり計算をしたりしてもミスがなかなか減りません。やらなくてはいけないことをリストアップして対処しましょう。

Advice

幸せに導くアドバイス

ミスをしてしまうことよりも、ミスをして平気なメンタルに注意！ ミスすることに慣れてしまって「まあいいか」と考えていては、なかなか状況も改善しませんね。ミスはダメなんだということを、まずはしっかり自覚して。

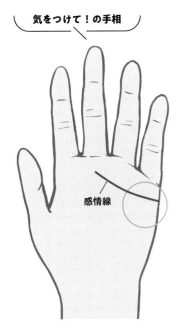

気をつけて！の手相

感情線

感情線が高い位置から出ている

ミスに慣れてしまっている

感情線が上部からはじまっているのは、気分がいつもフワフワとしていることをあらわします。喜怒哀楽も激しく、感情に行動が左右されると、仕事上のミスも多くなります。人の管理も苦手ではありませんか。自分の抱えた仕事をうまく振りわけられなかったり、コミュニケーションがとれなかったりしがちです。

Advice

幸せに導くアドバイス

仕事の量が増えてパニックになると、よりミスが増えてしまいます。どの仕事からはじめたらいいのか、あらかじめ優先順位をつけて。できるものからひとつひとつ取り組みましょう。

仕事のお悩み ❸

やる気をアップしたい、
目標をもてるようにしたい

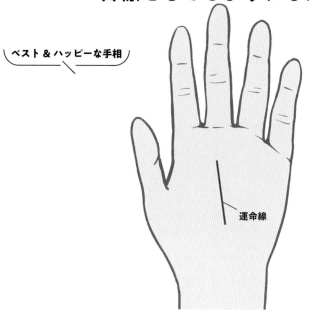

ベスト & ハッピーな手相

運命線

運命線がはっきり出ている

自分の力をすべていかしている

運命線がはっきり出ているのは、すでに自分のエネルギーを最大限出しきっている証。いまやっている仕事にやりがいを感じていて、がんばっています。できることはしていて、自分の能力も最大限にいかしているので、現段階では順調に仕事をできているといえるでしょう。逆にこれ以上、あせってもっともっとと行動すると、無理が生じてきます。

Advice

幸せに導くアドバイス

さらに働く意欲をアップさせるには、明確な目標が必要です。目指していることがはっきりしてくればがんばりもききます。また、いつも安定して仕事ができるように、体を鍛えることが必要でしょう。

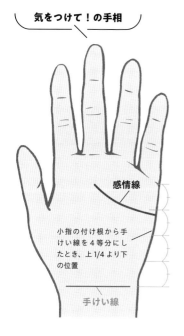

気をつけて！の手相

感情線

小指の付け根から手
けい線を4等分にし
たとき、上1/4より下
の位置

手けい線

感情線が低い位置から出ている

冷静な反面、情熱が少ない

情熱をもって仕事をしようという気持ちが少ないよう
です。仕事は最小限の労力で、できるだけ疲れないよ
うにしようとします。冷静に状況をみる目をもってい
るので、うまく仕事にいかすのがベスト。だんだんと
周囲の評価が上がり、意欲もわいてきます。

Advice

幸せに導くアドバイス

自分がやっていて楽しい仕事を選ぶことが大事です。対人
関係重視の仕事は、トラブルが多くなりそう。チームでや
るより、特技をいかしてひとりでもできる仕事を選ぶとよ
いでしょう。ボキャブラリーを意識して増やし、感謝の気
持ちもいつも伝えるようにしましょう。

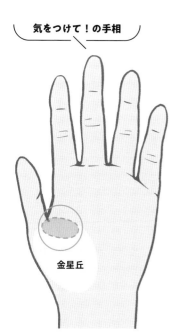

気をつけて！の手相

金星丘

金星丘の上部がへこんでいる

エネルギー不足

エネルギーが不足して、気力体力がない状態をあらわ
します。本来であれば、この部分はふくらみがあるは
ず。規則正しい生活を送らず、睡眠不足だったり、食
生活の乱れなどで体が弱っています。金星帯全体をよ
く手でほぐしましょう。もとのふくらみに戻るよう、
生活習慣も見直して。

Advice

幸せに導くアドバイス

ふくらみを戻すには、マッサージが効果的です。金星丘全
体をよくもみほぐすことで、エネルギーが入りやすくなる
のです。体を整えれば、生きる力もわいてきます。自然と
働く意欲も出てきますよ。

仕事のお悩み ❹

これから昇進したり成功したりできる？

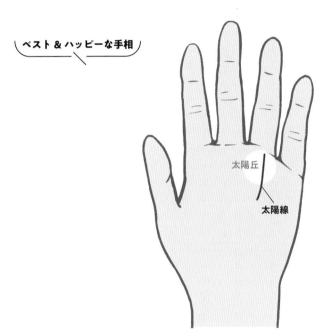

ベスト & ハッピーな手相

太陽丘

太陽線

太陽線が出ている

あるだけでラッキー

太陽線は、薬指に向かう線で、仕事で成功することをあらわします。本来この線はない人がほとんどで、出ていれば本当にラッキーです。自分の力以上の、運の力を借りることができますよ。これから仕事はうまくいき、評価も上がるでしょう。太陽線が長ければ長いほど、大きな成功となります。組織にいる人は昇進も普通より早く、順調に発展します。

Advice

幸せに導くアドバイス

ラッキーな状況が一時的ではなく、継続できるかどうかが成功の大きさにつながります。できるだけ長く幸運が続くよう、味方を増やしてまわりの人の力も借りましょう。人に対するポジティブな気持ちをオープンにするといいですよ。

木星丘が平ら

人と争うことに向いていない

野心や向上心がないタイプなので、人と競争することに向いていません。これはもともとの気質にも関係しており、のんびりした人にはこの部分が発達しにくい傾向があります。競うことに意味を感じていないのでは。そのぶん無理がきかないこともあるので自分の好きな専門分野を仕事にするとよいでしょう。

Advice
幸せに導くアドバイス

自分がどんなことをしたいのかが漠然としていると、せっかくの能力もいかせませんね。できるだけ具体的に成功をイメージすることが大事です。理想の自分になったつもりで、いまから生活しましょう。

気をつけて！の手相

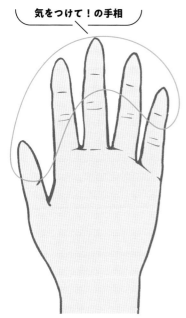

木星丘

平ら

指先がとがっている

働くこと自体が
好きではない

繊細で気分にムラがあり、あまり仕事には向きません。働くこと自体が好きではないので、かんたんな作業を好む傾向があります。自分で事業を起こして成功するのは向いていませんんが、経営のセンスがある人のそばでサポートするのは合っているでしょう。

Advice
幸せに導くアドバイス

流行に敏感で、センスがよい人でもあります。自分の美貌と感性をいつも磨いておくことが大切です。お手本になる人を参考にして、意識して努力すると○。お酒の失敗の暗示もあるので、飲むのは控えましょう。

気をつけて！の手相

プライベートと仕事を両立できるか心配

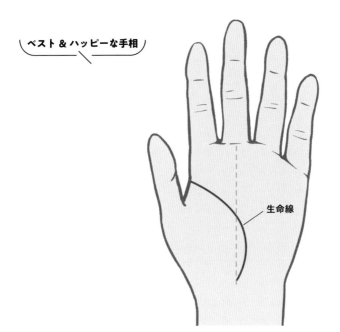

ベスト & ハッピーな手相

生命線

生命線のカーブが大きく、はり出している

プライベートも仕事も全力投球

中指の下の範囲をこえるカーブをもっている人はパワフルな性格。仕事とプライベートをわけずに、すべて全力でこなします。じっとしているのが苦手なので、家のなかに閉じこもることはできません。プライベートと仕事のどちらも充実させることができ、ストレスもほとんどなく、バランスをとることができるでしょう。

Advice

幸せに導くアドバイス

プライベートも仕事も自分の人生なのでどちらも大事ですが、基本はやはりプライベートを重視するようにしてみましょう。プライベートが充実しているとエネルギーが蓄えられて、仕事もうまくいくからです。まずプライベートの予定から決めましょう。

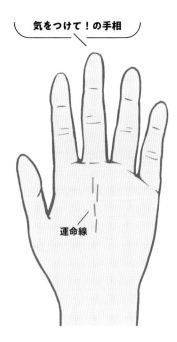

気をつけて！の手相

運命線

運命線が薄くて切れている

仕事もプライベートも
不安定

運命線が薄く、ところどころ切れているのは、プライベートと仕事の両立がうまくいっていないと感じていることをあらわします。職場が変わるなど変化があると、連動してプライベートも波があったりと、なかなか落ち着くことがなさそう。

Advice

幸せに導くアドバイス

ときには人やテクノロジーの力を借りるのもひとつの手です。仕事をがんばりつつ、プライベートの家事や育児はプロの手を借りたり、便利グッズを利用して、物理的に解決しましょう。

気をつけて！の手相

感情線

感情線が急カーブ

気持ちが乱気流に

感情が一気に上がったり下がったりする、熱しやすく冷めやすいタイプ。仕事でも出だしは勢いがあるのですが、短期間で飽きてしまうかも。仕事上の対人関係の結びかたによっては、トラブルになることも。プライベートをがんばると仕事に疲れがでて、仕事をがんばるとプライベートを楽しむ欲が薄れやすいようです。

Advice

幸せに導くアドバイス

あせりは禁物！　すぐに結果がでないからといって、やめてしまわないで。両立ができないとどちらもいやになってしまいがちですが、完ぺきを求めなくてよいのです。できることからひとつずつ取り組みましょう。

181

仕事で悩んでいるときは

今日をどうすごすかが、明日の自分をつくります

人はそれぞれ、その人だけの使命をもっています。

この世にはいろいろな仕事があり、自分がとても好きでしていることであっても、たまたまかかわっていることでも、どれもいまやっている仕事は縁があってなりたっています。

大事なのは、仕事が自分に合っているかいないかではなく、続けられるかどうか。持続できるということはひとつの能力なのです。

だから、今日の予定を熱心にこなしていきましょう。明日の自分をつくることにつながります。

また、仕事をするうえで、できることや、引き受けたことは最大限がんばる、できないことははっきり断るというのも重要なポイントです。

自分のしたことに対して報酬が支払われると考えたら、あなたの時間や労力とは見合っているでしょうか。きちんと見極めましょう。納得して仕事をすることが大切です。

手相では、自分がどのような仕事に向いていて、どのように向き合って行けばいいのかを、知ることができます。手相をいかして強みを発揮し、いい仕事をたくさんしましょう。

印鑑にはこだわって、大切にしましょう

印鑑は自分の分身であり身代わり。そして、あなたの名前の相にある弱い部分を補強してくれます。印相体で彫られた印はお守りとして役立ち、とくに仕事運に効果があります。

印材には石ではなく樹木など、一度生気の入ったものがおすすめ。象牙や白水牛など、白いものは表舞台で活躍できるよう導いてくれます。

こだわって印鑑をつくり、大切にすると、社会的に成功しますよ。

全力で自分をアピールして仕事運をアップ！

仕事をクールにこなすのもかっこいいですが、情熱を感じさせるような行動で、仕事運をアップさせましょう。

たとえば仕事で成績を上げたいと思うのであれば、熱い志をもつこと。本当はとくに目標がなくても、そうみえる行動をとり、人にアピールするのです。一生懸命話したり、汗をかいたり、いかにもがんばっている姿をみせましょう。

というのも、人は熱いところに引き寄せられて集まる性質があるからです。情熱をもって仕事をしていると、みんな応援してあげようという気持ちになるのですね。

営業で契約をうまく結びたいといった状況では、この情熱がなによりも人の心を動かし、うまくいくでしょう。

183

金運 をみるときは

お金がすべてとというわけではありませんが
あれば生活が豊かになるのも事実です。
お金の稼ぎかた、お金とのつき合いかたをみていきましょう。

チェックするのは…

横三大線（→ p.50）　太陽線（→ p.120）　運命線（→ p.104）　財運線（→ p.126）

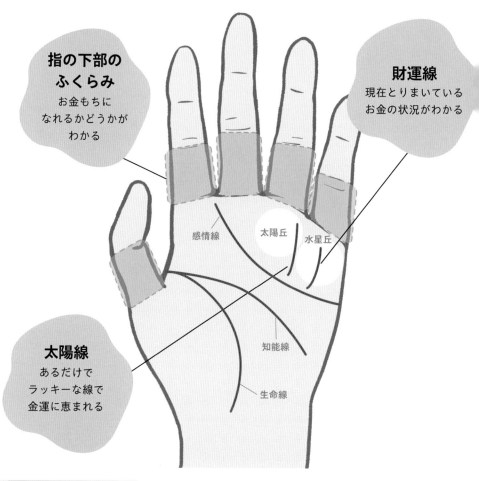

指の下部のふくらみ
お金もちになれるかどうかがわかる

財運線
現在とりまいているお金の状況がわかる

感情線　太陽丘　水星丘

知能線

生命線

太陽線
あるだけでラッキーな線で金運に恵まれる

太陽線が出ている

この線は、だれにでも出る線ではありません。短くてもいいのでこの線が出ていると、がんばらなくてもお金を得られるでしょう。金運に恵まれて安泰な生活を送ることができます。また、明るくだれとでもきさくに接することができるので、人との出会いも豊かになるはず。

財運線が出ている

現在のお金の状況をあらわす線です。水星丘にまっすぐきれいな縦線が入っていれば、金運がとてもいい状態です。反対に、線がない人はお金に困っている状態です。また、線の本数で収入源がいくつあるのかがわかります。何本かある人は、複数の収入源があるということになります。

とくにここに
注目しましょう

指の下部がふくらんでいる

それぞれの指の下部に肉付きがあり、ふくらんでいれば、金運がとてもよく大金もちになれる相です。大金を動かして豊かな生活を送ることができます。実際、お金もちの人にはよく、このふくらみがあります。お金が入ってくると発達するので、いま肉付きがないとしても、手をよく使って努力をするようにしていればだんだん改善するでしょう。

次のページから
お悩みに対する
ベストな相と
気をつけたほうがいい相
を紹介するよ

185

お金のお悩み ❶

お金がほしい、お金をたくさん貯めたい

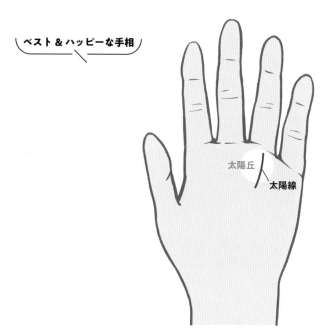

ベスト＆ハッピーな手相

太陽丘

太陽線

太陽線がある

金運に恵まれている

お金がほしいと自分が強く願えば手に入る相。貯金をしようと決めれば、それを実行することができ、なおかつうまくいきます。お金が順調に入ってくるので、自分に投資をする余裕も生まれます。豊かな生活を送ることができるでしょう。

Advice

幸せに導くアドバイス

太陽線がある人は、お金に困らないうえに、社会的成功もおさめることができます。つい仕事に熱中することもあるかもしれませんが、プライベートが充実するとエネルギーがたくわえられて、さらに仕事もうまくいきますよ。プライベートの予定から決めましょう。

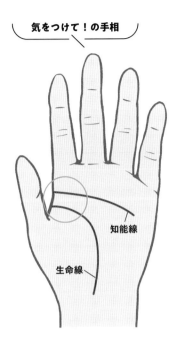

気をつけて！の手相

知能線

生命線

生命線と知能線がかなり離れている

無計画にお金を使って
たまらない

お金を計画的に使うことができません。お金の計算が苦手で、あればあるだけ使ってしまいます。好奇心旺盛で、あちこちに行くのが大好き。社交も華やかで、ぜいたくをするのも好きなので貯金はかなり難しそうです。信頼できる人にお金の管理をしてもらうとよいでしょう。

Advice

幸せに導くアドバイス

使うことでお金が入ってくる、いわゆるお金をまわすタイプ。お金は使ったほうがいいです。めんどうなことが嫌いなので、一定金額が自動的に引き落とされる方法にすれば自然と貯金ができますよ。

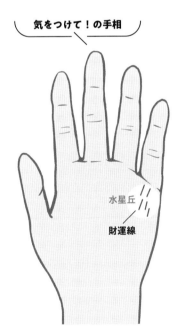

気をつけて！の手相

水星丘

財運線

財運線がところどころ切れている

どんどんお金を使う浪費家

あまりよく考えずにお金をどんどん使ってしまい、生活費に困りがち。自分の収入をきちんと把握せずに、お金を使いたいだけ使っていませんか。そのため、貯金に回せる余裕はまずないでしょう。お金がなくなると借りてしまうため、借りすぎに注意してください。

Advice

幸せに導くアドバイス

財運線は現在の状況が出る線。これが出ている間はなかなか貯金することができません。まずは自分がもっているお金を把握し、1か月ごとに使っていい金額を決めるようにして。状況が改善すれば、少しずつ線も変わってくるでしょう。

お金のお悩み❷

資産運用で損をしたくない

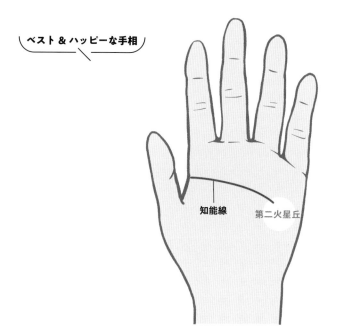

ベスト & ハッピーな手相

知能線

第二火星丘

知能線が第2火星丘に向かって伸びている

数字に強くて、資産運用向きの性格

たくさんのお金を動かすことに喜びを感じ、ゲーム感覚で資産運用していくことになりそう。よく考えて調べてから投資をするので、大きな失敗はまずありません。体調をよくしておけば、常に最適な運用方法をみつけ、実行できますよ。

Advice

幸せに導くアドバイス

金銭感覚が抜群で問題なし。ただし、体調が乱れると、あせりやタイミングを見誤る原因に。いつもクリアな頭で考えられるように、健康管理を行いましょう。気分がよくないときは判断力が落ちるので、思い切った投資は控えて。

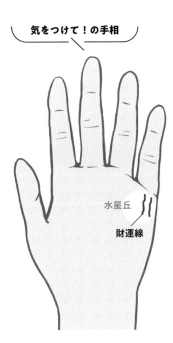

水星丘

財運線

財運線が蛇行している

投資をしても
お金が入らない

お金がなかなか入ってこないことをあらわします。この線が出ているときに投資をしても、なかなか利益を出すのは難しそう。投資はしばらく待っておきましょう。いま、投資しているものは無理に動かさず、よい時期がくるまで待ったほうがベスト。

Advice

幸せに導くアドバイス

お金に縁がないと弱腰になっていませんか。気持ちが弱っているときには、金運も下がります。慎重に現状をみながら、仕事がうまくいくように努力をしたり、生活を見直したりしましょう。

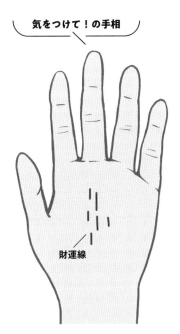

財運線

運命線がところどころ切れている

じっくり待てない

1か所にじっとしているのが苦手で、変化が多い人生になりそうです。資産運用する場合、じっくりと結果を待つことができず、目先のことにとらわれると失敗する可能性が。投資は即断即決が必要ですが、この相では落ち着いて判断せず、状況に流されてしまうことがありそう。

Advice

幸せに導くアドバイス

大きな資産を得るために、長期的な計画を立てましょう。一喜一憂せずに、投資を行って。メンタルの強さがカギです。体調を整えて、じっくり待てる安定した精神でいられるようにしましょう。

お金のお悩み ❸

じょうずに節約できるようになりたい

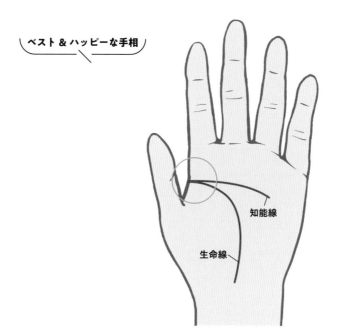

ベスト & ハッピーな手相

知能線

生命線

生命線と知能線の始点がくっついている

お金を使うことに慎重

情動買いは比較的少ないタイプで、節約じょうず。本当に必要なものかどうか考え、いらないものは買いません。節約しようと心がけ、工夫しながらうまく行います。ただし、節約が楽しくなって、やりすぎることも。あまりやりすぎると生活に支障が出るので、適度にしましょう。

Advice

幸せに導くアドバイス

お金を貯めたいから節約するというよりも、限られた予算のなかでいかに有効にお金を使えるかを考えてみて。楽しみながらやったほうが、よい成果が出ます。節約をゴールにせず、つかい道や目標を立てるといいでしょう。

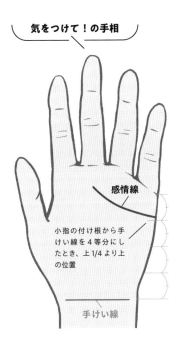

気をつけて！の手相

感情線

小指の付け根から手けい線を4等分にしたとき、上1/4より上の位置

手けい線

感情線が高い位置から出ている

ストレスで買い物しがち

感情線が高い位置から出ているのは、気分にムラがあることをあらわしています。ストレスを抱えやすいので、買い物などで発散しがち。ほしいものを目の前にすると、衝動をおさえられないので、節約のことを忘れてしまわないようにしましょう。

Advice
幸せに導くアドバイス

あらかじめ買うものを決め、リストに書いてもち歩きましょう。それ以外は即断即決しないでいったん家にもち帰り、考える習慣をつけて。落ち着いてもやはり自分に必要だと思えば購入しましょう。

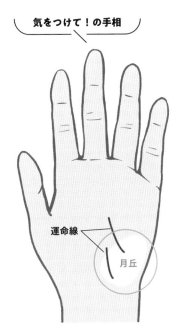

気をつけて！の手相

運命線

月丘

運命線が月丘から何本か出ている

節約とは真逆タイプ

交際範囲が広く、活発に行動する人。そのぶん交際費が多くなりそうです。節約とは真逆な行動をすることで、金運を得ています。金運はあるのですが、節約となるとポイントがよくわかっていません。本当に節約したいなら、これまでの考えかたを無理のない範囲で変えてみましょう。

Advice
幸せに導くアドバイス

節約に向く人、向かない人がいますが、このタイプは明らかに向きません。ストレスにならない範囲で、トライしてみるとよいでしょう。自分ではコツがつかみにくいので、節約じょうずな人の生活をよくみて、できそうなことからはじめてみて。

お金のお悩み ❹

むだづかいをなおしたい

ベスト & ハッピーな手相

生命線

生命線の先が外側に流れている

消費しても稼ぐ力がある

あまり考えないでお金を使うタイプですが、そのぶん稼ぐ力があります。一見むだづかいにみえて、すべて自分への投資や自分磨きにお金を使っているのがポイント。人にもお金を使うので、よい人間関係を築きます。最終的に、仕事も順調となり、お金もめぐってきます。

Advice
幸せに導くアドバイス

浪費するタイプにみえて、じつは自己投資しています。ほしいものがあれば、お金を使ってもだいじょうぶです。お金を使ったぶん、がんばって働けるでしょう。自分磨きによってどんどん自分がグレードアップするので、よい出会いも増えますよ。

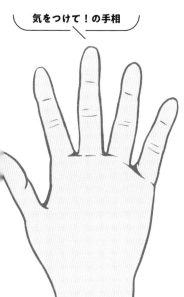

気をつけて！の手相

指のつけ根が細い

なんでもすぐに買って
浪費してしまう

指全体をみて付け根だけ細い人は、浪費癖があります。必要ないものや、人にすすめられたものでも、ちょっとよさそうと思ったら買ってしまっていませんか。交際費もかさみがちになるでしょう。必要なときにお金を残しておけるよう気をつけて。

Advice

幸せに導くアドバイス

お金を稼げても、じょうずなお金の使いかたがわかっていません。まずはお金を好きになり、生きたお金の使いかたを学びましょう。とくに自己投資にお金を使ってみて。価値観が広がり、より豊かに生活できます。

気をつけて！の手相

指が開いている

いまがいちばん！

自然な状態のときに指が開いている人は、お金を使うのが大好きで、お金が入ってきてもそのままみんな使ってしまいます。いまを楽しむほうが最優先。貯金するという心がまえはなく、先のことは考えません。ただ、貯金はしないものの、普通の人よりお金まわりがよく、お金がたくさん入ってくる傾向が。

Advice

幸せに導くアドバイス

消費ぐせをなおしたいのであれば、家計簿をつけるなど目にみえる形で取り組むのがおすすめ。ただ、無理にお金を使わないようにするより、そのぶん働くことに力を注いだほうが効率的で、お金も手元に多く残るタイプです。

お金のお悩み ❺

お金に困らない生活を送れるようになりたい

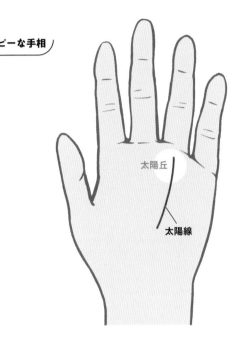

ベスト & ハッピーな手相

太陽丘

太陽線

長い太陽線が出ている

光り輝く太陽のような生活ができる

成功運や人気運とともに、金運財にも恵まれます。なにもしなくても、自然とお金が集まるでしょう。さらに財産を築きたいなら、お金を得るための勉強をして経済や金融の仕組みを学びましょう。大きく飛躍して、お金もちになれるでしょう。

Advice

幸せに導くアドバイス

よい出会いが多いので、人からお金を増やすきっかけを得ることができます。ポジティブな言葉だけを使って、あなたらしい美しさをキープできるように自分を磨き、積極的に社交を。大金が入ってくるようになります。

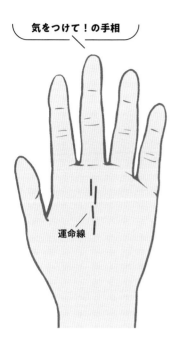

運命線

運命線がきれぎれになっている

お金に苦労する

苦労してお金を手に入れる相。職場や住まいが変わりやすく、生活に落ち着きがありません。飽きっぽく持続力に欠けて、がまんができない性格です。収入が安定せずに、余計な出費ばかり多いので、働いても働いても生活がらくになることは難しいでしょう。

Advice

幸せに導くアドバイス

自分の長所、短所、成功したこと、失敗例をみつめなおし、自分はなんのために生きているのか、生きがいとはなんなのかを考えてみましょう。おのずと具体的な目標が見えてきて、運命線の形がよくなり、金運も上がります。

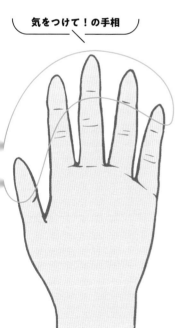

指先がとがっている

派手でお金大好き

華やかで派手な生活を好む性質。お金を使うのは大好きですが、働くことは好きではありません。お金に関心はあるので、お金が動くところに引き寄せられます。生活が安定せず精神的に不安定になりがち。自分を支えてくれる人を見つけ、頼りにして生きていくでしょう。

Advice

幸せに導くアドバイス

たくさん稼ぐ人のそばにいると、お金が自分にも入ってきます。そのためにはいろいろなスキルを上げておくことです。いちばん大切なのはコミュニケーション力です。好意をもたれる話しかたやふるまいを学び、品を身につけましょう。

金運で悩んでいるときは

お金はあくまでツールのひとつ、
振り回されずに使えば、金運もアップ

　世のなか、お金がすべてではありませんが、お金で解決することも多く、とても大事なものであることにかわりはありません。生活するうえでお金があると、心に余裕が生まれますね。

　ただお金はあくまでもツールということは忘れてはいけません。あればあるほどいいわけではなく、人それぞれコントロールできる量があり、それをこえてしまうとお金にのまれてしまいます。

　自分や家族が楽しく暮らせる財産があればいいくらいに思ったほうが、常に満足する気持ちをもてて幸せでしょう。

　貯金が趣味で、生活をとにかく質素にしてお金を貯める人もいますが、人間の命は有限。そんなに無理してまで貯金しても、なにもしないまま亡くなってしまう人も多いものです。

　稼ぐのにもエネルギーが必要ですが、お金を使うのも、実はそれ以上エネルギーが必要です。たくさん稼げる人はいても、お金をどんどん使える人は案外いません。

　お金はまわすものです。常に循環させる気持ちをもつと、金運も上がっていきます。また運は人によってもたらされるので、人との交流にお金を使って、すてきな時間をもつのも大事ですし、自分の外見、内面を高めるための自分磨きにお金を使うのもいい投資となります。

　手相は現在のお金の状況や、自分に合った稼ぎかたをみることができます。自分のことをよく知って、お金をどう使ったらいいのか参考にしましょう。

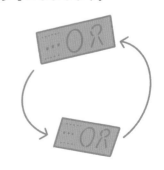

金運を
アップする習慣
1

お金を大事に扱いましょう

　金運をよくしたいなら、まずはお金そのものを大切に扱うことです。

　お財布に、むだなカードや領収書などを入れないようにしましょう。お札は新札か、きれいなものを入れて。とくにお札の絵柄や方向をそろえて入れる習慣をつけると、浪費防止になります。

　お金に感謝をし、大事に管理すれば、自然にお金が集まってくるようになりますよ。

金運を
アップする習慣
2

お金を使って「厄払い」

　貯めようと節約すればするほど、お金は増えません。なぜならお金にはエネルギーがあるからです。ある程度お金を動かさないと、入ってこない仕組みになっているのですね。

　「お金を払う」は、「厄を払う」にも通じます。とくに勉強や美容など自己投資のために使うと、人間関係が広がり、稼げるようになっていくでしょう。

健康運 をみるときは

健康であるということは当たり前ではなく、
じつはたくさんの奇跡でなりたっています。
健康をしっかり管理して、充実した人生を送れるようにしましょう。

チェックするのは…

生命線（→ p.52）　感情線（→ p.84）　運命線（→ p.104）
健康線（→ p.152）小指や親指の長さ

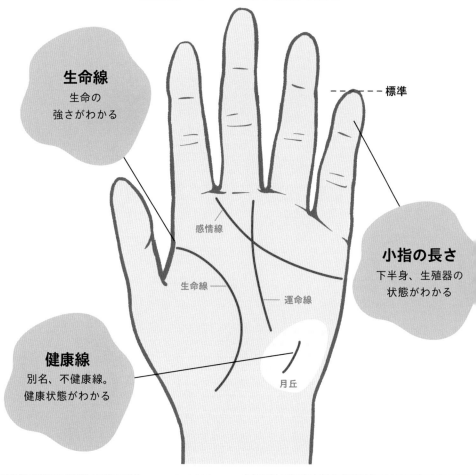

生命線
生命の
強さがわかる

------ 標準

感情線

小指の長さ
下半身、生殖器の
状態がわかる

生命線

運命線

健康線
別名、不健康線。
健康状態がわかる

月丘

生命線をみる

生命線の形状で、生命の強さをみます。線が太くはっきり出ていると、体がじょうぶで健康に恵まれます。線の長さで寿命がどのくらいあるかがわかり、線の形状に健康状態がそのまま出ます。生命線上に「島」ができると、健康を害している暗示。薄いと病気にかかりやすくなっています。

健康線が出ている

別名、不健康線ともいわれ、本来はなくてもいい線。健康線が一歩まっすぐに出ているのは問題ありませんが、「島」がある、線が蛇行している、ところどころ切れている、変形しているなどすると健康状態に問題があることがわかります。線が薄くても注意が必要です。

とくにここに
注目しましょう

小指の長さをみる

下半身まわり、とくに腰、そして生殖器の状態を知ることができます。小指は子どもをあらわす指。短いと、子どもに関するトラブルや、相手との相性によっては子どもができにくいことを示します。女性ホルモンのバランスの崩れによる不定愁訴なども起こりやすくなります。

次のページから
お悩みに対する
ベストな相と
気をつけたほうがいい相
を紹介するよ

健康のお悩み ❶

老後が不安……長生きできる？

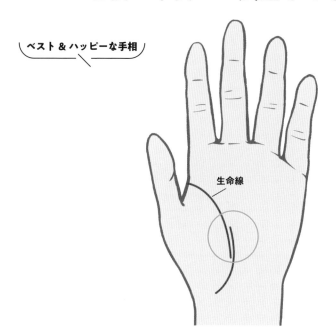

ベスト＆ハッピーな手相

生命線

切れ目を外側でカバー

守護神に守られ長生きできる

先祖や守護霊の強い力によって、寿命が伸びているサインです。成人後も実家と縁のある人が多そう。多少の病気をしても乗りこえて、健やかにすごせます。途切れたところを流年法 (→ p.98) でみると、その年齢のあたりに、人生の転機があります。それによって、ますますエネルギーが高まります。

Advice
幸せに導くアドバイス

ふだんから徳を積むことが大切です。自分の無理のない範囲で「できることはしよう！」という親切な心をもつようにしましょう。特別なことはしなくていいのです。自分から笑顔であいさつをするだけでもエネルギーは上がりますよ。

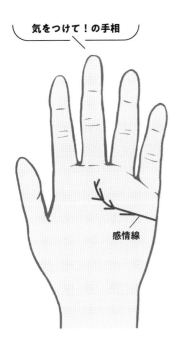

気をつけて！の手相

感情線

感情線が激しく乱れている

感情の不安定さが負担に

精神的に不安定で、喜怒哀楽が激しく、なかなか心が落ち着きません。ストレスがあると、血流や心臓に負担がかかるなど、健康によくない影響が出ます。自分の感情、おもに怒りと悲しみをコントロールできるようにすると寿命も長くなるでしょう。

Advice

幸せに導くアドバイス

人づきあいからストレスが発生するので、できるだけ、自分の好きな人だけがいる環境を選ぶようにして。合わない人とは無理につき合うことはせずに、一緒にいる時間も極力少なくするなど関わらないようにしましょう。

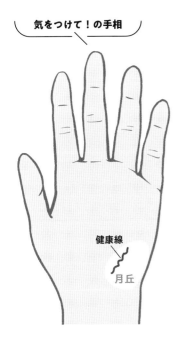

気をつけて！の手相

健康線

月丘

健康線が蛇行している

虚弱体質

いわゆる虚弱体質。病気にかかりやすく、とくに胃腸など消化器系に弱さがあります。長生きするためには、まずは体質改善が必要不可欠です。またストレスがいちばん体のダメージにつながるので、自分なりのストレス解消法を考えて取り入れましょう。疲れないようにする、疲れたらすぐ休むようにして。

Advice

幸せに導くアドバイス

人相、そして手相は食べるものからつくられます。食事に関心をもって、気をつけて摂取すると、体も、手相も変わります。ゆっくりとくつろげる環境で、おいしいものをいただくようにしましょう。

健康のお悩み ❷

ストレスでつらい……解消したい

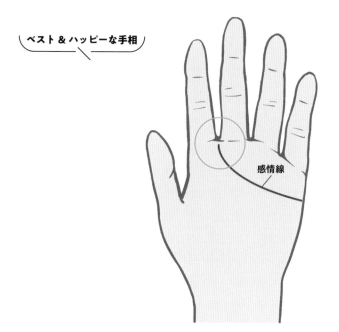

ベスト & ハッピーな手相

感情線

感情線が人さし指と中指の間に流れこんでいる

人との距離感がばつぐん

本来は感情がいつも安定していて、ストレスをあまり感じずにすごせます。ストレスの大きな原因になる対人関係についても、人との距離の取りかたがうまいタイプ。ゆっくりとなかよくなっていき、離れるときにもゆっくりと離れていきます。対人関係トラブルはほとんどないでしょう。

Advice

幸せに導くアドバイス

このタイプの人が心身にトラブルを抱えるのは、過労の場合です。自分の能力をこえた仕事量や、処理できない内容の仕事で、ストレスを抱え込んでしまいます。「できないことはできない」と伝えることもときには必要です。自分の体を守ることが第一です。

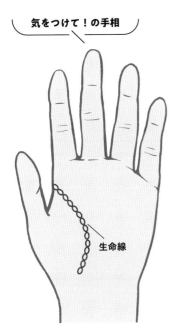

気をつけて！の手相

生命線

生命線が鎖状になっている
心身ともに疲れている

常にストレスにさらされていて、肉体も精神も疲れています。まわりの環境を大きく変えないと、なかなか体調がよくならないでしょう。とくに、まわりに強くて支配的な人がいると、マインドコントロールされてしまいます。思い当たることがあったら距離をとりましょう。

Advice
幸せに導くアドバイス

思いきって、転職や引っ越しをするのもひとつの方法です。場所が変わると人間関係もいったんリセットされます。環境だけでなく気持ちも変わるので、少しずつ手相もしっかりした生命線に生まれ変わる可能性があります。

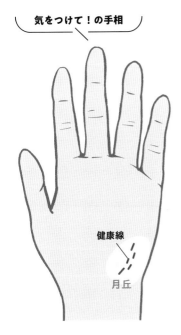

気をつけて！の手相

健康線

月丘

健康線がところどころ切れている
疲れやすくて体が弱い

胃腸が弱く、虚弱体質。繊細で人に気をつかい、がんばりすぎてストレスをためている状態です。病気にかかりやすくなっています。ストレス発散で体を動かすとしても、疲れすぎないように。体力がないときに無理しないことです。

Advice
幸せに導くアドバイス

健康は運動だけでなく生活習慣でもかなり改善します。消化器系を改善するには、食べものに興味をもち、無農薬野菜など、食材にも気をつけて調理方法や産地などよく研究するとよいでしょう。

健康のお悩み ❸

体調不良を改善したい

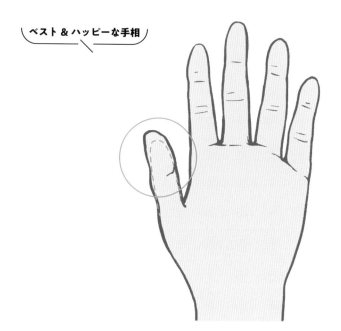

ベスト & ハッピーな手相

親指が長くてしっかりしている

自分を守る力が強い

悪いものが入ってきたときにしっかり排除するパワーがあります。不調を感じているのは自分の体を悪いものから守り、悪くなってしまった部分をよい部分へと変化させようとしているときです。親指の力がなくなったり、細くなったりすると、パワーが落ち、体調が急に悪くなるので気をつけて。

Advice

幸せに導くアドバイス

体調不良があるなら、自分が原因というよりも、よくない環境によってストレスになっている可能性大。自分の体を第一に考えてください。自分の体とよく向き合い、無理をしないようにしましょう。

204

気をつけて！の手相

生命線

生命線のカーブが小さく下へ向かう

慢性的な体調不良に
悩まされる

体力がなくエネルギーが不足しています。とくに女性は、子宮に問題を抱えることが多くなります。ホルモンのバランスが悪く、急に泣きたくなったり、イライラしたりをくり返して落ち込みがち。子どもをもちにくかったり、子どもに関する悩みもありそう。

Advice

幸せに導くアドバイス

はっきりと具合が悪くないと自分ひとりで解決しようとしがちですが、気分がすぐれないときは、医師や専門家の力を積極的に借りましょう。自分の体を守るためにも、普段から情報収集を。知識があると、気持ちも楽になりますよ。

気をつけて！の手相

小指が短い

下半身まわりが弱い

下半身や腰に問題が起こりやすく、腰痛には注意。とくに女性は、子宮になんらかのトラブルが起きやすいでしょう。ホルモンのバランスが崩れ、生理が重かったり、頭痛がひどかったり、子宮の病気になったりなどしやすいので、対策が必要です。

Advice

幸せに導くアドバイス

ふだんから腰まわりを冷やさないなどの対策を。漢方などで体の調子を整えたり、あたたかい飲み物をいつもとるようにしたりするだけでも、ずいぶん違います。小指をマッサージするのも、精神が安定するので効果的です。

健康のお悩み ❹

ぐっすり眠れるようになりたい

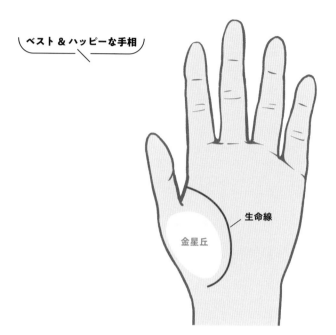

ベスト & ハッピーな手相

生命線

金星丘

生命線が金星丘を囲っている

生命力が強くてリセットできる

生命線が、金星丘を囲うようにはっきりと出ているのは、生命力が強く、睡眠によってきちんと体の細胞をリセットできる体質であることをあらわします。もし眠れないことがあるなら、原因はストレスなど後天的に引き起こされたものであると考えられます。

Advice
幸せに導くアドバイス

本来、快眠できるタイプです。ストレスなど原因を探り、取り除く努力をしてみましょう。眠れないときはあせることもあるかもしれませんが、眠れなくてもよいので部屋を暗くして横になってみて。寝ているときと同じと考えて、気持ちを楽にしましょう。

知能線が細かい「島」をつくっている

心身が弱って眠れない

神経がかなり弱っている状態です。仕事や家庭のストレスがあると、心身の負担が大きくなります。いくらがんばって寝ようとしても、脳に伝わっておらず、不眠につながっている可能性が大です。思いきって医師に相談するなど、専門家の手を借りて睡眠を改善しましょう。

Advice

幸せに導くアドバイス

神経が弱っているときは、生活も不規則になりがちです。まずは生活リズムを整え、少しずつでも早寝早起きになるように心がけて。太陽の光を浴びると、体内時計が元に戻るだけでなく、エネルギーをキャッチできます。

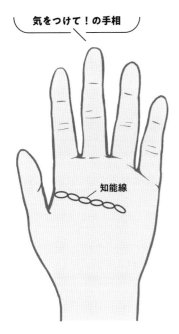

気をつけて！の手相

知能線

金星丘の上部がへこんでいる

エネルギー不足で眠れない

睡眠不足で、体調がおもわしくないようです。なかなか寝つけない、寝ても眠りが浅いという状態が続いていて、エネルギーが体に入ってきていません。すぐに基本的な生活習慣を整えて、もとのふくらみに戻しましょう。だんだんと眠れるようになってきます。

Advice

幸せに導くアドバイス

まずは、体を疲れさせることが大切。スポーツはもちろん、ウォーキングやストレッチなど体を動かす習慣をつけて。いいエネルギーが体に入ってきて、よい眠りにつけるようになるでしょう。

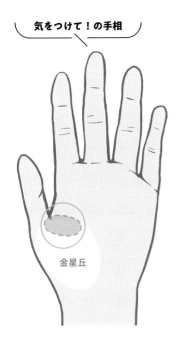

気をつけて！の手相

金星丘

病気やケガをせず、健康でいたい

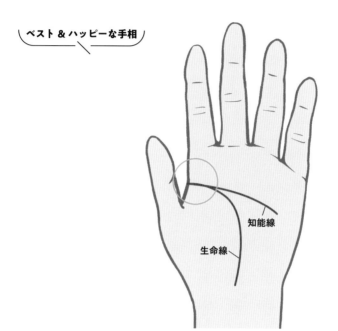

ベスト & ハッピーな手相

知能線

生命線

生命線と知能線の始点がくっついている

病気やケガ対策はばっちり

慎重派で、病気やケガにも常に対策を立てています。基本的に、自分の不注意で病気やケガをすることはありません。ただ精神的に落ち込んでいるときや、ストレスで爆発しそうなときには、衝突のエネルギーが生まれて病気やケガを引き寄せます。平常心を保つようにしましょう。

Advice

幸せに導くアドバイス

お守りをもつのもおすすめです。神社のお守りをはじめ、印鑑やブレスレットなど、パワーがあるといわれているもので、自分と相性がよいと感じるものならなんでも OK。いつも身につけるようにして。「これをもっていれば安心」と精神的に安定します。

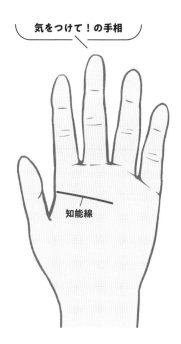

気をつけて！の手相

知能線

知能線が短い

猪突猛進でケガしやすい

思いついたらすぐ行動！ それはいいのですが、不注意になりがちな点があります。ケガをしやすいので、落ち着いた行動をとれるように普段から気をつけましょう。体調が悪いときも無理をしやすい傾向があります。こまめに自分を気にかけてあげて。

Advice
幸せに導くアドバイス

自分は不死身だからだいじょうぶと思わずに、日ごろから健康に関する情報を集めることが大切。年齢とともに体も変わってくるので、自分の体力に合わせて1日になにをするのか、スケジュールを考えて。

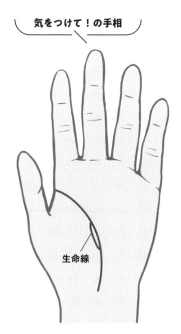

気をつけて！の手相

生命線

生命線に大きな「島」が出ている

心にわだかまりを
抱えがち

心に悩みや怒り、悲しみを抱えていませんか。それがかたまりのようになっています。もしこの「島」ができていたら、良性でも悪性でも腫瘍ができやすい体質だと考えて、まめに検査をするなどしたほうがよいでしょう。過去にそのような病気をした場合も、このサインが出ます。

Advice
幸せに導くアドバイス

精神的にストレスがかかると免疫力が落ちます。また、睡眠もきちんととれていないと、本来治るべきものも治りません。とにかく自分はそのような体質だと思って、よく体を休めるようにしてください。

健康で悩んでいるときは

健康は、あらゆる運をアップさせてくれるものです

　健康は命を維持するのにもっとも大切なもの。あらゆる運をあげるための基本です。肉体が健康でしっかりしていないと、たとえいいチャンスがきたとしても、それにのるためのエネルギーがなく、人生は成功しません。

　ただ、健康は生活のしかたによってかんたんに損なわれてしまうので注意が必要です。若いときは「なにも努力をしなくても健康」という人が多いと思いますが、いつまでも若いままではいられませんね。成人をすぎたら、健康は責任もって自分自身で管理していくようにしましょう。

　もし、いま体調がよくないと考えていても心配しすぎないで。生き物がすごいのは、回復する力をもっていることです。もし健康を損なっているなら、原因をつきとめて改善し、健全な生活をすれば、次第に回復するはず。

　病気になるということも、悪いこととらえがちですが、体が「ここはよくないよ」と教えてくれるラッキーなサインだと思って。

　手相でアンラッキーなことが出た場合も同じことです。手相が気づきを与えてくれているのですね。健康を改善できるように、生活を見直してみましょう。

体を温めて心も満たしましょう

体をあたためると免疫力が高まるように、「人相」においても、形だけでなく温度がとても大切です。体があたたまっている相は血色もよく、エネルギーが高まり、心が満たされるのです。

体が冷えないように首、手首、足首と「首」がつく場所をあたためるようにしましょう。とくに冬場は手袋、靴下、マフラーをつけて、

首を冷やさないように工夫するとよいでしょう。

太陽のエネルギーを浴びましょう

生きていくためには、太陽の光が必要です。とくに朝の太陽の光はエネルギーが強く、生きるパワーを高めてくれます。

朝起きたら、太陽の光を浴びながら深呼吸すると、体内時計がリセットされて体調も整います。

日中は太陽が出ていて明るい場所ですごしてみましょう。生命力が上がり健康運がアップしますよ。

雨の日も「雲の上には太陽がある」と思って、太陽を感じながら生活するとよいでしょう。

恋愛 & 結婚運 をみるときは

恋愛、結婚は、人生の大きな節目であり、縁ある人との出会いでもあります。
どんな性質をもっているのか、どんな出会いがあるのかをひもといていきましょう。

チェックするのは…

横三大線（→ p.102）　恋愛線（→ p.136）　結婚線（→ p.138）
金星帯（→ p.142）　親指の曲がりかた

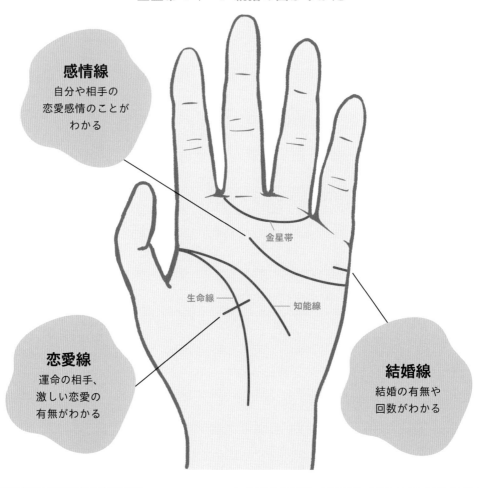

感情線
自分や相手の
恋愛感情のことが
わかる

金星帯

生命線　　　知能線

恋愛線
運命の相手、
激しい恋愛の
有無がわかる

結婚線
結婚の有無や
回数がわかる

感情線をみる

恋愛・結婚は感情と強く結びついています。感情線をみることで、恋愛や結婚のうえで気をつけたほうがいいことがわかります。また、好きな人がどんな愛しかたをするのかもわかります。とくに、線の始点と終点で、恋愛に関する考えかたやアプローチのしかたといった、関係性の築きかたを示してくれます。

結婚線をみる

小指の下、手の側面に出る線です。小指が子孫をあらわしていることから、結婚のように子孫につながる縁をみることができます。結婚線はほとんどの人に出ている線です。その本数で結婚を考えるくらい縁のある人が何人いるのかわかります。

とくにここに
注目しましょう

恋愛線が出ている

だれにでも出る線ではなく、運命を感じるような激しい恋愛に縁がある人にだけ出ます。流年法 (→ p.100) でみたとき、恋愛線と生命線が交わる年に、激しい恋愛をすることをあらわしています。1本あれば1回、2本あれば2回と、線の本数と同じ回数、恋愛するでしょう。

次のページから
お悩みに対する
ベストな相と
気をつけたほうがいい相
を紹介するよ

好きな相手をみつけたい！

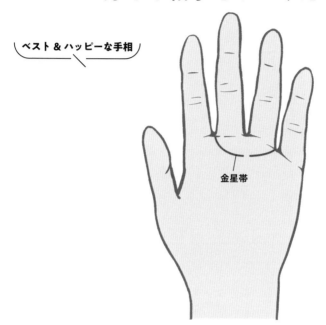

ベスト & ハッピーな手相

金星帯

金星帯が出ている

魅力的でセクシーなのでモテモテ

金星帯はみんなあるものではなく、セクシーで魅力がある人にだけ出ます。人を引き寄せる力があるので、すぐに恋愛相手がみつかるでしょう。もしなかなか好きな相手をみつけられないというのならば、まだその時期になっていないのかも。または出会うチャンスがある場所に行っていないということもあるので、積極的に行動してみましょう。

Advice
幸せに導くアドバイス

自分の魅力をどんどん磨いていきましょう。まだまだ眠っている魅力があるはずです。すてきな人を研究して、ブラッシュアップの参考にするといいでしょう。自分から話しかける積極性があると、出会いが広がります。

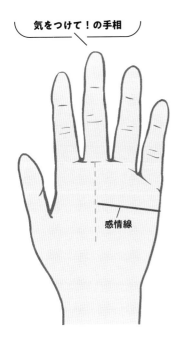

気をつけて！の手相

感情線

感情線がまっすぐ伸び 中指の下でとまっている

冷静で感情を出さない

恋愛において、とてもクールな印象。実際、「気持ちと体は別」と割り切っているよう。恋のはじめのアプローチが、めんどうだと感じる傾向があります。いい人に出会っても、自分からアプローチをしないので、発展しないまま終わることも多いようです。

Advice
幸せに導くアドバイス

恋愛に関心があるなら、親しみやすい雰囲気をつくることです。会話はとても大切。相手の話を笑顔でよく聞いて、自分のことも話すようにしましょう。ポジティブな言葉も、意識して使うようにしましょう。

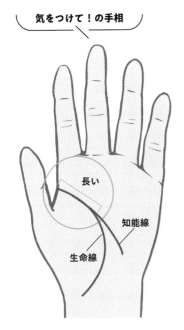

気をつけて！の手相

長い
知能線
生命線

生命線と知能線の始点が 長く重なる

チャンスを逃しがち

慎重な性格のため、恋愛でもチャンスを逃している可能性が。自分から積極的に好きな人をみつけて、つき合うということがほとんどありません。気になる人がいても、「声をかけないで」という雰囲気を出してしまうので、無理のない方法をみつけましょう。

Advice
幸せに導くアドバイス

自分から積極的になるのがなかなか難しいので、信頼する人の紹介がおすすめです。あまりつき合う条件が高すぎたり、いろいろと吟味していると縁が流れやすくなります。いいなと思ったら前向きに考えましょう。

恋愛＆結婚のお悩み ❷

私の恋愛はどこがだめ？

ベスト＆ハッピーな手相

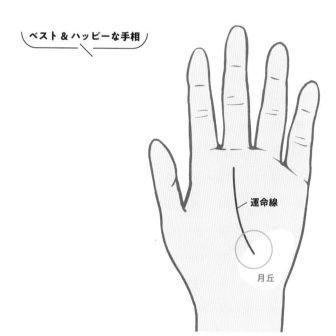

運命線

月丘

運命線が月丘からはじまる

みんなに愛されるモテキャラ

とても愛されるキャラクターのもち主で、恋愛のチャンスも多く、モテます。とくに、年上や力のある人から気に入られます。同じ年や環境の人よりも、自分より上で力のある人が恋愛対象になるため、見合った相手になるために、常に自分磨きをしていく必要があります。

Advice

幸せに導くアドバイス

まわりと同じように、あまり目立たないようにしていると、あなたの魅力はいかされません。周囲を意識するのではなく、自分はどうしたいのか直感を信じて、なりたい自分になることが大切。本当のあなたが出せれば、とてもいい恋愛関係になれます。

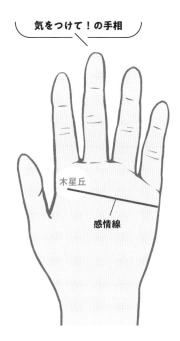

気をつけて！の手相

木星丘

感情線

感情線が木星丘まで直線で入る

執着心と束縛に注意

好きな人に対して執着心が強すぎます。あまりにも好きすぎて、相手のことをすべて把握したくなり、束縛しがち。うまくいっているときは好きな人中心でよいのですが、次第に相手がきゅうくつになり、負担に感じてしまうようです。相手が冷めてしまっても、ずっと追いかけてしまうかも。依存しないように気をつけて。

Advice
幸せに導くアドバイス

自分の性格をよく把握して、相手に依存しすぎないようにし、自分の世界をもつようにしてください。あなたを幸せにするのは、相手ではなくてあなたです。自分で自分の機嫌をとれるようになれば、恋愛関係はうまくいきます。

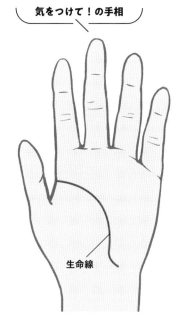

気をつけて！の手相

生命線

生命線が大きくカーブして外に流れる

自分のペースで
恋愛が長続きしない

バイタリティがあり、思ったことをどんどんやっていくパワフルな人です。意外な行動をとることもあり、相手が「自分とは常識が違うかもしれない」と距離をとってしまうこともありそうです。せっかちで、相手とペースが合わないと、恋愛関係が長続きしません。

Advice
幸せに導くアドバイス

恋愛は自分ひとりではなく、相手とするものです。相手の希望に合わせているつもりでも、じつはかなり向こうが努力して合わせてくれていることが多いのかも。感謝の気持ちをもつようにしましょう。

恋愛＆結婚のお悩み ❸
運命の相手と出会いたい

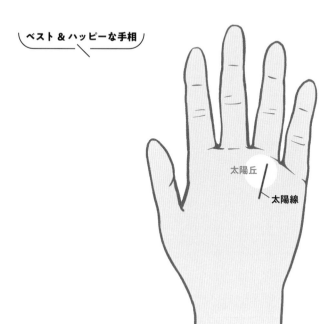

ベスト & ハッピーな手相

太陽丘

太陽線

太陽線がはっきり入っている

すべてを満たしてくれる人と出会える

運命の人と出会えて、幸せになれるサイン。経済的にも精神的にもすべてを満たしてくれる、すてきな人との出会いがあります。その人といっしょになることによって、あなたの人生は明るく輝くものになるでしょう。太陽線が小指側にあるほど、その満足度は高くなります。

Advice

幸せに導くアドバイス

太陽線がある人は、できるだけその幸せが大きくなるように、旅行やいろいろな場所に出かけましょう。いい出会いによって、人生が広がっていきます。自分の見聞を広げておくと、いい人に出会ったときにすぐにわかるので、交際に発展させることができます。

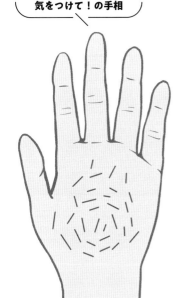

気をつけて！の手相

知能線

生命線

生命線と知能線の始点が
くっついている

慎重すぎて出会いにくい

恋愛結婚に対して慎重に考えるタイプです。まじめで軽い誘いにはのりませんし、いいなと思った相手に声をかけられてもスルーしがちです。交際もはじめていないうちから人を選んでしまっていると、チャンスが半分以下になってしまいます。

Advice

幸せに導くアドバイス

慎重なのはあなたのいいところですが、たまには積極性をもつのも肝心。世界中にたくさんの人がいても、実際に出会える人には限りがあります。せっかく会えたのもなにかの縁。いいなと思える相手をみつけたら、積極的にアピールを！

気をつけて！の手相

手のひらに細かい線が
たくさん出ている

心配性で出会いを逃しがち

マイナス思考で、心配性。「運命的な出会いをしたいけど、私には無理」とあきらめてしまっていませんか。せっかくよい出会いがあっても、本当にこれでいいのかとためらったり、相手の心を疑ったり、不安になりすぎたりして、自ら関係を壊してしまうことも。

Advice

幸せに導くアドバイス

体と心は連動しています。まずは体力をつけることからはじめましょう。自分の体をしっかり自分好みにカスタマイズできれば、心も明るく楽観的になります。楽しいことが増えていくと、シワは消えていきます。

不幸な結婚や恋愛関係を解消したい

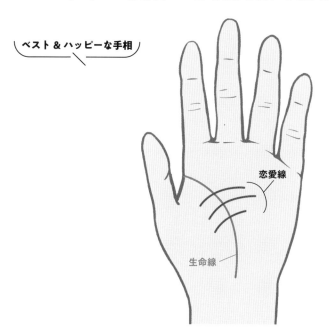

ベスト＆ハッピーな手相

恋愛線

生命線

恋愛線が長く数本出ている

よい恋愛ができる

人生をかけるような激しい恋はしませんが、この線のある人は特別！ よい恋愛によって、自分の人生をひらくことができるでしょう。いま、不幸な恋愛や結婚をしていたとしても、またよい縁があります。とくに結婚は契約です。離婚をしたいと思ったら、相手への情をはさまず、できるだけ自分に有利な条件で、契約を解消してください。

Advice

幸せに導くアドバイス

「あきらめが肝心」という言葉があるように、あきらめたことでひらける道があります。いらないものをもって両手がふさがっていると、天からよいものが降ってきたときにキャッチすることができません。いつでも幸せがつかめるように両手をあけておきましょう。

気をつけて！の手相

結婚線

細い結婚線がたくさん出ている
モテるものの破局も多い

結婚するチャンスがたくさんあります。とはいえ、それだけなにかしら事情があって、いろいろな人とつき合うということです。破局の原因は自分に原因があることがほとんど。たいていは相手に依存しすぎたり、常に不安で相手を疑ってしまったりして、うまくいかなくなることが多いようです。

Advice

幸せに導くアドバイス

このままではいけないと思っていても、ひとりではなかなか行動に移すことができないもの。自分ひとりで抱えこまないで、思いきって信頼できる人に相談して。アドバイスやサポートを受けるようにしましょう。

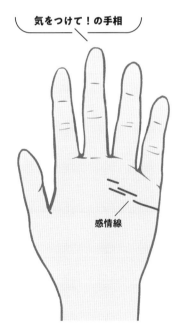

気をつけて！の手相

感情線

感情線が何本かある
情が深く流されやすい

人の倍、愛情を感じる力があります。そのため、恋愛関係でのトラブルも多くなりやすい人です。好きではないのに関係をもったり、よくないとわかっている相手でも情があって別れられなかったりしているのでは。連絡がくると戻るタイプなので、あらかじめ完全にブロック！相手に会わない環境にして。

Advice

幸せに導くアドバイス

もしうまくいかない相手との関係を続けるなら、相手の意見を聞き入れて自分の感情を消すしか方法がありません。でも、限られた人生、そんなことは時間のムダ！無理だと思ったら連絡を断ち、さっさと次を探しましょう。

恋愛&結婚で悩んでいるときは

手相で恋愛パターンを学び
よい恋愛や結婚に結びつけましょう

恋愛や結婚は、人生でかなり大きな節目になります。出会いとはすべて縁です。自分の人のみる目がいいとか悪いとかではなく、あらかじめ決まった人と出会うべき時期に会い、恋愛や結婚をしているのです。

思っていた人とうまくいかなかったとしても、自分や相手どちらかが悪いというわけではなく、それまでの縁だったということです。

恋愛も結婚も相手が必要です。自分ひとりの力ではどうしようも

ありません。しかし、人間には恋愛のパターンのようなものがあり、それが手相にあらわれます。恋愛・結婚関係で悩んだときは、手相が示すさまざまなサインが役立つでしょう。

自分の手相をみるだけでなく、相手の手相をみるのもおすすめ。その人の性格や思考を把握して、できるだけ相手が自信をもって楽しくすごせるような、明るいコミュニケーションをすれば、いい恋愛や結婚につながるでしょう。

恋愛・結婚運を
アップする習慣
1

とがっているところから
いい縁は入ってきます

すべてのいい縁は、全身のとがっている部分から、とくに、指先から入ってきます。

指先をいつもケアし、爪をきれいにしておきましょう。つま先は適度に丸く整えて、明るく品のある色のネイルをするとよいでしょう。手だけでなく足の爪も整えると、さらに運気がよくなります。

また、手は思った以上に目に入るもの。上品なしぐさを心がけて。

恋愛・結婚運を
アップする習慣
2

自分で自分を愛してあげましょう

愛されるようになるためには、まずは自分で自分を愛すること。だれかの愛がなくても、自分に愛されていさえすれば、満たされるのです。むしろ、人からの愛に依存しなくなるので、まわりに魅力的な人にみえ、恋愛がうまくいくでしょう。

「人相」では、みた目がすべて。もちろん顔の造形という意味ではなく、心のなかが外見にあらわれるということです。自分が好きな「理想の自分」になれるように、徹底的にみえかたを研究しましょう。

宮沢みち

運命学研究家。
日本女子大学、同大学院にて社会福祉学を専攻。福祉コミュニケーションの普及のために、人と人とのかかわりをより円滑にするさまざまな手法を研究。また、福祉的な観点から、個人がよりよく生きるための生活術を提案している。『新版名づけ大全科』（主婦の友社）の監修をはじめ、『リアル手相占い』（永岡書店）、『新版日本で一番わかりやすい人相診断の本』（PHP研究所）、『呼び名の持つパワー 音でわかる名前占い』（日貿出版社）、『愛蔵版 ハッピーになれる名前占い』（金の星社）など著書多数。

<ruby>一番<rt>いちばん</rt></ruby>わかりやすい
はじめての<ruby>手相占<rt>てそううらな</rt></ruby>い

2023年7月1日　第1刷発行

著　者　宮沢みち
発行者　吉田芳史
印刷所　株式会社文化カラー印刷
製本所　大口製本印刷株式会社
発行所　株式会社日本文芸社
　　　　〒100-0003 東京都千代田区一ツ橋1-1-1
　　　　パレスサイドビル8F
　　　　TEL 03-5224-6460（代表）

Printed in Japan　112230621-112230621 Ⓝ01（310093）

ISBN978-4-537-22112-1

URL　https://www.nihonbungeisha.co.jp/

Ⓒ Michi Miyazawa 2023

Staff

編集・制作	後藤加奈（株式会社ロビタ社）
デザイン	みうらしゅう子
イラスト	killdisco
原稿協力	兼子梨花